Préface

Que dire de Leslie ? Par où commencer ? Un témoignage à son sujet vous donnera une certaine idée de qui elle est en réalité. Nous connaissons Leslie depuis plusieurs années. Nous avons été présents pour l'accouchement de deux de ses trois enfants. De près ou de loin, nous avons été témoins de son cheminement, son progrès, ses victoires, ses défaites, ses pleurs et ses joies autant sur les plans spirituel, familial que professionnel. Nous avions été ses pasteurs jeunesse avant de devenir ses pasteurs séniors. Ainsi, depuis près de 7 belles années, elle et son mari font partie de notre équipe de leadership et ils participent à la merveilleuse aventure qui consiste à paître les brebis du Seigneur, son église.

Nous tenons à remercier Leslie pour le privilège et l'honneur qu'elle nous fait en nous demandant d'écrire cette préface en tant que ses pasteurs. Nous sommes si fiers d'elle et de sa famille. Pour cela, nous pouvons vous recommander aux bons soins de Leslie avec joie et en toute confiance, sachant que vous allez être entre de bonnes mains. En effet, son cheminement établit une fondation sur laquelle elle peut vous transmettre un précieux savoir, celle de l'expérience d'une portion de vie pleine de la présence de Dieu. Nous sommes persuadés que cette portion saura vous intéresser.

De nature concise et allant droit au but, Leslie ne passera pas par quatre chemins pour vous diriger dans la bonne direction. Quand nous avons une tâche à lui déléguer, nous pouvons être assurés que ce que nous avons demandé sera accompli avec excellence. Pourquoi ? Pour les raisons décrites dans cet ouvrage. Elle a su canaliser son énergie au bon endroit afin d'obtenir des résultats concrets. C'est la raison pour laquelle vous avez en main ce livre. Vous cherchez une réponse ? Si vous avez souffert de rejet, d'injustice, d'abandon, de trahison ou d'humiliation, alors vous avez le bon outil pour vous aider à guérir par l'esprit de Dieu.

Par l'intermédiaire d'*ADN*, Leslie vous offre une opportunité qui peut changer et changera certainement votre vie. Les clés, les outils et les astuces qu'elle a compilés et formulés à votre intention sauront vous guider vers un succès assuré.

Comment pouvons-nous être si certains, nous demanderiez-vous ? Nous avons vu Leslie surmonter plusieurs épreuves par la grâce de Dieu, et cela, à chaque fois avec la tête haute. En plus d'être pasteurs, nous sommes des entrepreneurs qui croyons au principe de la faveur de Dieu et de ses multiples sources de revenus et de bénédictions. Pour cette raison, nous reconnaissons en Leslie les mêmes caractéristiques qui nous ont apporté le succès à plusieurs niveaux. Comme chrétiens, nous sommes appelés a vivre avec excellence à tous égards : esprit, âme et corps.

En tant que croyants vivant le royaume de Dieu sur terre comme au ciel, nous sommes tous appelés à transformer, à influencer et à avoir un impact sur notre environnement immédiat et sur la société. Christ est le centre de la vie de Leslie et même si vous n'êtes pas croyants pour autant, vous ne pourriez nier qu'il y a quelque chose de divin dans son histoire qui vous donnera l'envie de voir au bout de votre tunnel ou à la sortie de votre tempête, un soleil brillant.

Mike et Toni Lemay
Pasteurs de l'église M.I.N.G, Montréal, CANADA
& Entrepreneurs à multiples facettes et talents.

ADN

De la même auteure

Pour quoi es-tu faite ?

Par Leslie Passerino

ADN

Comment **approfondir** la connaissance de ton identité, **transformer** ton attitude et **atteindre** stratégiquement tes objectifs.

LESLIE PASSERINO

Éditions Leslie Passerino International

8240, rue Agathe, Laval (Québec), H7A 3B3, Canada

http://lesliepasserino.com

Couverture : Vanessa Andréas (http://lapapetdor.com)

Révision linguistique : Couturiers du texte (info@couturiersdutexte.com)

Bibles utilisées : Louis Segond, Bible du Semeur, Darby.

Dépôt légal – Bibliothèque et Archives nationales du Québec, 2017.
Dépôt légal – Bibliothèque et Archives Canada, 2017.

Imprimé au Canada.

ISBN : 978-2-9816478-3-2
ISBN : 978-2-9816478-4-9
ISBN : 978-2-9816478-5-6

Dédicace

À Christ, qui m'a alignée, de gloire en gloire sur Son plan parfait, celui de mon appel.

Au Saint-Esprit qui m'a enseignée, éduquée et m'a permis de mettre en pratique, de voir pleinement les fruits de ce que tu vas apprendre dans ce livre.

À Sébastien, mon amour, mon coéquipier, mon meilleur ami, ma plus belle moitié.

À Quentin, Isaac et Galia, mes trésors, qui me poussent chaque jour à être totalement moi-même, me rappelant qu'il n'y a aucune boîte.

Remerciements

Avant toute chose, j'aimerais remercier Jésus, oui, Jésus. Pour beaucoup, on pourrait dire « Bah là, Leslie ! », mais les gens qui connaissent l'ampleur de mon témoignage, de la transformation et de la joie qu'Il a apportée dans ma vie peuvent comprendre combien Il a la première place. En effet, sans Lui, ma vie serait triste et insipide. Seigneur, tu as fait de ma vie une danse d'amour, un chant de louange et toute la gloire t'appartient, tant dans ce livre que dans chacun de mes actes.

Je remercie mon magnifique époux, Sébastien ainsi que nos trois trésors : Quentin, Isaac et Galia. Vous me permettez de devenir meilleure, un jour à la fois. Si le monde devait passer demain, vous seriez ma plus grande bénédiction. Jamais, jamais, je n'aurai pu y arriver sans vous, sans vos encouragements et même parfois vos ultimatums devant ma peur de l'inconnu.

Merci également à tous ceux qui forment « ma communauté, ma tribu » : Pasteurs Mike et Toni, des pasteurs comme il en existe peu sur terre, prêts à aimer encore et encore, à pousser l'aiglon en dehors du nid afin qu'il apprenne à voler ; Benoit et Tricia, vous êtes des trésors, merci de nous aimer si fort ; Cassandra, JF, Christian, Charlotte… Merci de nous aimer, de nous avoir acceptés comme membres de vos familles, frère et sœur. Sans vous, nous n'en serions pas là et je n'aurai pas osé pousser plus loin. Merci de votre patience et d'aimer nos enfants comme vos neveux et nièce. Vous avoir tous avec nous est une immense bénédiction.

Merci à nos parents (Caroll, Renaud, Fabienne et Jean-Jacques) de nous aimer tels que nous sommes, de m'accepter telle que je suis dans ma pleine imperfection et mon non-conformisme, cette acceptation m'a permis de franchir de nombreuses montagnes et votre foi en nous, vos prières, vos bénédictions manifestent aujourd'hui leurs fruits.

Je vous dédicace à tous ce deuxième livre, car c'est aussi grâce à vous que je suis entrée dans mon appel et que j'ai découvert pour quoi je suis faite. Je vous aime.

Table des matières

A D N

Avant-propos

Pourquoi le livre *ADN* ?

Ce livre est né de l'expérience ADN, une conférence dont le Seigneur m'a inspiré l'organisation pour la guérison émotionnelle et l'épanouissement de ses filles bien-aimées. À la suite de cette première initiative, il me murmurait le désir de son cœur : toucher plus d'âmes dans le monde francophone. La conférence ADN restait limitée, alors qu'il est LE Dieu illimité et extravagant. Sa vision est bien plus grande que la nôtre et lorsque nous disons « me voici Seigneur », il agit avec puissance.

Pourquoi le terme ADN ?

L'ADN supporte l'information génétique et l'hérédité. Il porte le caractère de chacun des deux parents et permet ainsi leur transmission aux enfants. J'utilise le terme ADN pour rappeler notre identité réelle que nous recevons de Dieu à notre nouvelle naissance. Cette identité est différente de celle de nos blessures qui nous obligent à porter des masques. ADN réfère donc à l'essence même de l'identité de Dieu en nous. La manière dont il nous a créées à l'origine est bien souvent tordue par les événements de notre vie, la culture, la tradition, l'éducation et la religion. Mais, dans sa bonté infinie, le Seigneur nous permet de nous mettre en phase avec son cœur, son ADN, afin que nous puissions évaluer nos priorités et atteindre nos objectifs.

Pour cela, la parole de Dieu nous éclaire et nous transmet l'*ADN* de Dieu afin de nous transformer à son image de gloire en gloire :

— **Approfondir et connaître ta véritable identité** en Christ t'aide à manifester ton potentiel authentique
   De cette manière, nous ne serons plus de petits enfants ballotés comme des barques par les vagues et emportés çà et là par le vent de toutes sortes d'enseignements, à la merci d'hommes habiles à entraîner les autres dans l'erreur. Éphésiens 4 : 14

— **Affermir ton attitude,** c'est aussi te laisser transformer par la puissance restauratrice du Saint-Esprit

C'est de lui que le corps tout entier tire sa croissance pour s'affermir dans l'amour, sa   cohésion et sa forte unité lui venant de toutes les articulations dont il est pourvu, pour assurer l'activité attribuée à chacune de ses parties. Éphésiens 4 : 16

— **Atteindre tes objectifs stratégiques** se fera avec la Tête .

Au commencement...

Dieu t'a créée dans les lieux célestes, tout comme moi. Il t'a créée d'une manière unique et atypique, avec tes dons, tes talents, ton appel. Puis tu es née et tu as vécu et subi toutes sortes d'expériences : de bonnes, de mauvaises et d'atroces choses... Chaque situation négative n'a fait que te rendre de plus en plus pastel dans ton appel, ton identité, ton être. Quel est l'impact tragique de tout cela ? Non seulement tu as été déconnectée de ce que tu es vraiment, mais tu as également perdu le sens de tes réelles priorités, sans parler du fait que tu n'arrives pas à atteindre vraiment tes objectifs... « Mes quoi, Leslie ? » Tes objectifs, tes rêves, les visions que Dieu a mis dans ton cœur et que les excuses, la procrastination ont littéralement dévorés.

Et je comprends totalement ce que tu vis.

A D N

Alors, reprenons depuis le départ...

Bonjour, je me présente ; Leslie Passerino, la femme qui a (enfin) retrouvé son identité, son ADN, marchant dans son appel et accomplissant TOUS les objectifs qu'elle vise. Oui c'est vrai et je le dis humblement. Pendant des années, je me suis cherchée. Non ce n'est pas vrai, ceci est un mensonge... On recommence... Pendant des années, j'ai cherché à plaire ET à ne pas déplaire, jusqu'à en perdre mon identité, tel que Dieu l'avait créée. C'est à mes 33 ans que ma quête désespérée a commencé, lorsqu'au détour d'une simple discussion intense avec mon mari, ce dernier me demanda :

— Quelle est ta couleur préférée ?

— Dis-moi ce que tu veux entendre et je te répondrai.

C'est ainsi que j'ai répondu à la question de mon cher époux. Disons que ce n'était pas la meilleure des réponses, j'en conviens, mais elle représentait ma triste réalité... Je ne savais plus qui j'étais, mis à part un caméléon.

Mais voyons, quand cela avait-il commencé ? À quel moment le syndrome de l'amnésie identitaire était-il entré en moi ? Je ne le savais pas. Mais je savais une chose : il était temps que je me retrouve et le seul qui pouvait m'aider à résoudre ce problème s'appelle Jésus-Christ.

L'autre problématique majeure était que ma vie allait dans tous les sens. J'ai bâti pendant longtemps et même pendant des années de grands châteaux… de cartes, des châteaux de sable aussi. Pourtant j'étais certaine que mes plans allaient très bien fonctionner. Et quand je te dis que j'étais certaine, je l'étais vraiment et mordicus ! Malheureusement, je m'égarais loin de mes réelles priorités et je n'aboutissais jamais à rien jusqu'à ce que Dieu me mette dans une position si difficile que je dus sérieusement me réajuster.

Mais je ne l'ai pas fait seule. Le Saint-Esprit m'a enseignée, une étape à la fois, et aujourd'hui je te transmets ce précieux héritage, afin que toi aussi, tu retrouves ton… ADN. Cet élément constitutif authentique qui définit ta vraie nature telle que Dieu l'a conçue à l'origine, ta véritable identité.

IDENTITÉ

Qui es-tu vraiment ?

La parole de Dieu parle bien souvent de toi en bien. Il y a d'ailleurs une partie extrêmement précise. Pourtant, jusqu'ici tu ne l'as jamais saisie pleinement dans ton esprit, car tu penses que cette description est totalement inatteignable ou alors qu'elle est l'objectif à atteindre. Mais non, cette femme vertueuse que tu désires être, tu l'es déjà malgré tout ce que ton église locale aurait pu te dire. Tu es déjà cette femme magnifique : la femme du livre des Proverbes 31.

Permets-moi de te l'expliquer :

> *Qui peut trouver une femme vertueuse ? Elle a bien plus de valeur que les perles. Le cœur de son mari a confiance en elle, et les*

produits ne lui feront pas défaut.
Elle lui fait du bien, et non du mal,
tous les jours de sa vie.

Cette femme, que tu es, n'est pas trompeuse n'est-ce pas ? En effet, tu es (peut-être) mariée et nous nous entendons bien, qu'en tant que femme de Dieu, vivant selon les principes du Royaume et de la Parole, tu fais du bien à ton mari. Tu ne le trompes pas, tu ne le déshonores pas, tu ne l'humilies pas. On s'entend que tu l'aimes, tu l'aides, tu le soutiens et tu le respectes (sans jugement, si ce n'est pas le cas, viens t'abonner à la page des couples via mon site Web).

Elle se procure de la laine et du lin,
et travaille d'une main joyeuse.
Elle est comme un navire
marchand, elle amène son pain de
loin.

Elle ne rechigne pas à la tâche et ne procrastine pas (je sais que ni toi ni moi d'ailleurs... — un moment de réflexion et de doute ? —). Elle magasine les meilleures matières ; imagine qu'elle ait eu Amazon ! Et les fait venir de loin... Donc elle est sage dans ses dépenses, elle regarde et recherche la meilleure opportunité au meilleur rapport qualité/prix. Donc, ce n'est pas une acheteuse compulsive émotionnelle. Elle fait attention !

> *Elle se lève lorsqu'il est encore nuit,*
> *et elle donne la nourriture à sa*
> *maison et la tâche à ses servantes.*

Elle se lève tôt et ne procrastine pas. De plus, ce n'est pas une acharnée du contrôle ou une « control freak », comme on dirait en anglais, soit une dictatrice qui a besoin de délivrance. Non, non, non ! Elle sait déléguer s.v.p. ! Et de surcroit, elle veille au bien-être de TOUT le monde.

> *Elle pense à un champ, et elle*
> *l'acquiert ; du fruit de son travail,*
> *elle plante une vigne.*

Lorsqu'elle a une idée, elle y investit et elle se prépare à l'accomplir. Autrement dit, elle agit ! Et bien sûr, elle ne gaspille pas ses profits, mais elle les ressème immédiatement afin d'obtenir d'autres fruits. Elle est sage, tout comme toi et moi le sommes.

> *Elle ceint de force ses reins, et elle*
> *affermit ses bras.*

Celle-là, je l'aime beaucoup ! Elle ne procrastine ni ne baisse les bras. De plus, c'est une femme accrochée au Seigneur. Dans l'armure du chrétien, nous voyons que la ceinture symbolise LA vérité, donc elle connaît la Parole qu'est la Bible.

De plus, comme elle est forte et ancrée dans la Parole, elle peut librement (tout comme toi) s'appuyer sur le verset disant : « *ce n'est plus moi qui vis, c'est Christ qui vit en moi* » (Galates 2.20).

Elle sent que ce qu'elle gagne est bon ;

Elle n'est pas atteinte ni de fausse humilité ni de honte par rapport à son succès. Bien au contraire, elle a une très juste opinion d'elle-même et elle connaît sa propre valeur. Elle ne se voile pas la face.

Sa lampe ne s'éteint point pendant la nuit.

En effet, sa lampe ne s'éteint point, car la lampe est encore une fois la Parole : « *Ta parole est une lampe à mes pieds, et une lumière sur mon sentier.* » Psaume 119.105.

*Elle met la main à la quenouille, et
ses doigts tiennent le fuseau. Elle
tend la main au malheureux, elle
tend la main à l'indigent.*

Cette femme est, non seulement active (je ne parle pas de profession, mais de productivité), mais en plus, elle sème dans la vie des autres. C'est une vraie de disciple de Christ, prête à étendre l'amour extravagant du Royaume envers les âmes.

*Elle ne craint pas la neige pour sa
maison, car toute sa maison est
vêtue de cramoisi.*

Non, elle ne craint pas la neige en effet. Sais-tu que la femme du livre des Proverbes 31 habitait en Israël ? Alors, à moins qu'elle ne soit dans les montagnes, il ne devait pas y avoir beaucoup de neige (pas comme au Québec, où nous pouvons avoir jusqu'à 40 cm en hiver). La neige représente la stérilité, là où rien ne pousse. Ce qui démontre l'absence de vie. Elle ne la craint pas. Pourquoi ? Car toute sa maison est revêtue de cramoisi ; cette matière extrêmement noble et très coûteuse, mais représentant également le sang de Christ dans la Bible. Donc le parallèle à établir est que sa maison est vêtue du sang de Jésus. WOW ! Tellement puissant, non ?

*Elle se fait des couvertures, elle a
des vêtements de fin lin et de
pourpre.*

Oui, elle est douée, mais pas seulement. Elle sait aussi s'apprêter. Le pourpre et le fin lin sont aussi et encore de très précieux tissus. Autrement dit, elle ne s'habille pas avec n'importe quoi ni n'importe comment. Cette femme est vertueuse sous tous les angles. Et je suis certaine qu'elle avait également du style.

*Son mari est considéré aux portes,
lorsqu'il siège avec les anciens du
pays.*

Son mari est donc important dans la ville, non à cause de ce qu'il fait, mais à cause de sa réputation exemplaire, ainsi que de celle de sa femme. As-tu déjà pris note que lors de soirées de gala, on regarde toujours comment la femme qui accompagne l'homme se comporte ? Non pour la tenue (bon, oui, un peu), mais parce que l'honneur de l'homme vaut le bijou de la femme. Nous sommes la parure de l'homme.

*Elle fait des chemises, et les vend,
et elle livre des ceintures au
marchand.*

Après avoir acheté le champ et réinvesti, elle fabrique des chemises et les vend. Cette femme est une entrepreneure, mais en plus une multientrepreneure. Elle accomplit donc les rêves qu'elle a dans son cœur. Cette femme est une femme de tête.

> *Elle est revêtue de force et de gloire, et elle se rit de l'avenir. Elle ouvre la bouche avec sagesse, et des instructions aimables sont sur sa langue. Elle veille sur ce qui se passe dans sa maison, et elle ne mange pas le pain de paresse.*

Force + gloire = la présence de Dieu sur elle. C'est pour cette unique raison qu'elle peut se rire de la vie. Elle n'est donc point religieuse, mais elle a une réelle relation avec Christ. Elle met également la Parole en application dans sa vie, car elle ouvre la bouche avec sagesse. Aurait-elle lu, compris, médité et mis en application les proverbes de la Bible que nous lisons ? Oui, en effet. Elle est donc instruite par le Roi des rois. Elle parle avec sagesse et douceur et veille (ne contrôle pas, mais veille) à ce qui se passe autour d'elle dans la maison... Hum ! Donc elle est présente et ne possède pas un agenda surchargé qui l'oblige à être tout le temps absente.

Ses fils se lèvent, et la disent heureuse ; son mari se lève, et lui donne des louanges : plusieurs filles ont une conduite vertueuse ; mais toi, tu les surpasses toutes. La grâce est trompeuse, et la beauté est vaine ; la femme qui craint l'Éternel est celle qui sera louée. Récompensez-la du fruit de son travail, et qu'aux portes ses œuvres la louent.

Son entourage la complimente, pas n'importe qui, les gens qui sont le plus proche de son cœur et tu sais pourquoi ? Ils voient le prix qu'elle paye ainsi que la constance, la discipline dans ses choix. Cette femme est absolument incroyable. Cette femme c'est toi, c'est moi. C'est ta réelle identité... Toi, l'Épouse de Christ, la mariée habillée de fin lin. Sauf que dans ta réalité présente, tu pourrais plutôt être :

— Ânesse ;
— Brebis ;
— Dictatrice ;
— Ou... ?

La femme est un être passionné, mais parfois elle peut être également : esclave, tortionnaire, peureuse (mais il y a des raisons que nous verrons plus tard) ou bien un véritable exemple. Cependant, des raisons que nous exposerons plus tard expliquent ces traits de caractère variés.

Les 4 types de comportements suivants peuvent se refléter chez la femme :

Ânesses

Ce sont des têtes fortes, celles qui mènent la vie comme elles l'entendent, du moins, elles négocient avec Dieu, peu importe les conséquences. Elles :

— Sont obstinées ;
— Manquent de sagesse ;
— Sont peu enseignables ;
— Sont orgueilleuses et imbues d'elles-mêmes ;
— Sont peu fiables et insoumises.

Conséquences : les ânesses se butent toujours aux mêmes obstacles et n'apprennent rien de leurs erreurs, de leurs échecs ou de leurs pertes.

Malheureusement, ce type de comportement empêche la réalisation de leurs objectifs personnels, professionnels et spirituels. Elles ont toujours l'impression que les choses avortent d'elles-mêmes.

Le danger dans leur :

- Vie de femme : elles n'accompliront aucun projet concrètement et reviendront toujours sur leurs pas. Elles ne prennent pas la responsabilité de leurs actes et répéteront sans cesse les mêmes erreurs. Beaucoup de choses vont se passer, mais rien n'aboutira et elles finissent finalement amères, seules avec le manque de pardon.
- Vie de mère et d'épouse : elles passent toujours à côté du bonheur, elles peuvent saboter la famille et leur couple aveuglément et sans aucun cas de conscience ;
- Vie spirituelle : elles frappent des plafonds et reviennent toujours au point de départ, passant leur temps à demander pardon, à promettre de changer, mais tout reste ainsi.

Brebis

Tout le monde aime les brebis, car elles :

- Sont douces, dévouées, consacrées, faciles à vivre ;

- Sont facilement manipulables ;
- Ne vivent qu'au travers des autres prenant le sacrifice comme style de vie ;
- Suivent le mouvement même si elles sont complètement en désaccord ;
- Sont d'une extrême soumission.

Conséquences : les brebis ne vivent que par procuration, c.-à-d. au travers des autres. Elles pensent que se « sacrifier » pour la famille, la société est la seule chose qui vaille la peine. Elles ne donnent que très peu leur avis et sont sans saveur.

Le danger dans leur :

- Vie de femme : elles n'accompliront que de petits projets par peur de l'échec et du qu'en-dira-t-on. D'ailleurs, elles ne pensent pas être capables de réussir quelque chose de grand et sont peu positives. Elles se donnent à 110 % sans aucun objectif et soupirent après leurs rêves, mais elles n'accomplissent rien de concret.
- Vie de mère et d'épouse : elles sont résignées, mais peu présentes ; accablées par les tâches, elles s'investissent peu dans la vie de famille ;
- Vie spirituelle : ce sont de grands intercesseurs, mais faibles en actions concrètes.

Dictatrice

Le plus fort des comportements et le plus difficile à vivre, car ces femmes sont extrêmement hautes en couleur.

Les dictatrices :

— Sont comme Pharaon (lorsqu'elles se lèvent, le soleil se lève et lorsqu'elles se couchent, le soleil aussi se couche) ;
— Sont manipulatrices et culpabilisatrices ;
— Ne voient pas les vraies priorités ;
— Sont jalouses et envieuses ;
— Aiment que les choses soient selon leurs désirs, leur vision, leur méthode d'accomplissement.

Conséquences : les dictatrices sont écrasantes et savent comment arriver à leurs fins, peu importe les conséquences sur les émotions des autres. Elles sont présentes, mais trop présentes dans la vie de leur entourage essayant, de tout contrôler.

Le danger dans leur :

— Vie de femme : elles accompliront le plus possible par soif d'accomplissement au détriment de leur santé, de leur entourage et elles sont d'une compétition féroce (même avec certaines de leurs amies). Par ailleurs, il est difficile de leur parler sincèrement. Elles se donneront à 1000 %, mais rateront tous les moments précieux de la vie et de leur famille.

— Vie de mère et d'épouse : elles sont absentes tout en étant étouffantes, elles décideront pour le reste de la famille et elles ne donnent pas la place qui est due à leur époux ;

— Vie spirituelle : ce sont des conquérantes offensives, des guerrières spirituelles, prêtes au combat et à couper la tête de l'ennemi même si parfois, elles doivent « couper » quelques têtes au passage.

Aigle

Ce comportement est le plus équilibré et le plus positif de la femme lorsqu'elle décide de l'adopter. Cela dit, elle n'est pas pour autant parfaite.

Les aigles :

— Sont encourageantes, parfois trop ;
— Peuvent manquer de compassion si elles oublient d'où elles viennent ;
— Sont équilibrées, organisées ;
— Peuvent pousser les autres trop prématurément en

dehors du nid ;
— Sont inclusives, mais parfois trop indépendantes.

Conséquences : ce sont celles qui encourageront et pousseront les autres à se dépasser et à voler de leurs propres ailes. Elles aiment que tout soit (trop) parfait et attendent le moment qui leur paraît propice, selon elles.

Le danger :

— Vie de femme : elles attendent souvent le « bon moment » qui est déjà passé ou passent un temps fou à se préparer au lieu d'agir tout en s'améliorant ;
— Vie de mère et d'épouse : elles sont très présentes dans la vie de leur famille, elles poussent et encouragent parfois trop, expulsant du nid parfois prématurément. D'ailleurs, déterminées, elles se poussent au maximum avec un certain manque de sagesse (fatigue, stress…) et s'exercent sans cesse pour s'améliorer. Elles peuvent confondre l'excellence avec la perfection.
— Vie spirituelle : ce sont des adoratrices ; femmes mâtures spirituellement, elles savent reconnaître les saisons et en « *apprécier* » les temps.

La même personne peut-elle expérimenter les quatre types de caractère ? Oui, bien sûr ! En fonction de nos saisons spirituelles, émotives et de notre témoignage, nous pouvons avoir un comportement correspondant à l'un ou l'autre type de ces traits. Il est également facile de redevenir une dictatrice si tu étais une aigle il y a quelques semaines. Pourquoi ? Tout simplement parce que tu n'as pas voulu guérir de tes blessures dans la présence de Dieu. Tu t'es peut-être aussi éloignée de Sa présence. Si c'est ton cas, reviens alors, repositionne-toi.

Concernant les trois premiers caractères, il y a aussi des raisons pouvant nous amener à devenir ainsi :

- Les malédictions générationnelles ;
- Le péché ;
- Le manque de pardon ;
- Les blessures.

Nous traiterons des deux derniers dans la partie du livre qui concerne ces aspects.

Rêves et appel ?

Les rêves que Dieu met en toi

Certaines pensent que les rêves se trouvant dans leurs cœurs ne sont pas de Dieu ou peuvent décevoir Dieu ou encore, elles se demandent si ces rêves sont divins ou charnels. Mais comment savoir clairement si nos rêves viennent ou pas de Papa ?

Il y a certaines indications quant à Sa volonté. En fait, il faut se poser les bonnes questions :

1. Est-ce que ce rêve ne fait que nourrir ton égo ?

En effet, si ce magnifique rêve ne sert que ta propre gloire, tes intérêts personnels ou ton compte bancaire, alors, oui, ce rêve est un mauvais choix dont le but est de nourrir ton égo.

2. Est-ce que ce rêve apporte un changement ?

Pourra-t-il glorifier le Seigneur au sein de ton industrie ou des sept sphères de la société (gouvernement, famille/couple, divertissement, média, art, éducation, église) ? Tout rêve donné par le Seigneur doit apporter un changement ou faire partie du changement. Et, crois-moi, il y a une multitude de possibilités lorsque nous parlons de changement. Parfois notre rêve n'est qu'une partie du rêve de quelqu'un d'autre, mais sans toi, l'autre ne peut avancer.

Nous sommes tous complémentaires lorsque nous parlons de manifester Sa gloire via nos appels et nos actions.

3. Est-ce que ce rêve est difficile à atteindre ?

Les rêves de Dieu pour notre destinée et les âmes sont toujours difficiles à atteindre, et heureusement d'ailleurs, car le Seigneur dans sa grâce infinie, nous amène à :

A. Dépendre de Lui ;
B. Grandir en Lui ;
C. Grandir avec Lui ;
D. Rechercher Son cœur afin de concrétiser ce rêve

unique.

Si tu réalises que tu peux atteindre ce rêve seule, sans aucune difficulté, interroge-toi. Si par tes propres ressources, tu peux finaliser ce projet, demande-toi : « est-ce juste pour moi tout ça ? »

4. Est-ce que ce rêve va te coûter cher ? Va-t-il te demander des sacrifices ?

Si cela ne te coûte rien, c'est encore une autre preuve que ce rêve est bel et bien de ta chair. Mais te coûter quoi ?

Un rêve donné par Dieu lui-même te demandera non seulement de : ton temps, ton argent, tes connaissances, d'étirer ta patience, ta foi, de développer le fruit de l'Esprit, etc. Mais il te demandera aussi des sacrifices : quitter certaines choses, faire des semences dans le Royaume de Dieu, intégrer de nouvelles habitudes, étudier, investir, devenir enseignable, humble et redevable.

5. Vas-tu mourir à toi-même ?

Si tu ne changes pas, si ta vie spirituelle n'évolue pas, que tu n'es pas prête à mourir à toi-même, alors ce rêve n'est peut-être pas de Lui. Aucun jugement ni aucune condamnation, mais nous ne pouvons pas jouer avec les rêves que Dieu met dans notre cœur, ils sont bien trop précieux et Dieu en demandera les intérêts... Ce que tu lui apporteras lorsque le rêve manifesté portera des fruits.

6. Est-ce que ce rêve te demande d'avoir une vraie relation avec le Seigneur ?

Je l'espère, sinon le diable t'attendra au carrefour pour essayer de te briser. Manifester le Royaume de Dieu et son amour inconditionnel pour les âmes demande une réelle relation avec l'Époux. Le temps n'est plus de jouer à l'église, mais de devenir clairement et sincèrement l'Église (l'authentique épouse passionnée et soumise à son Époux). Mais pour cela, nous avons besoin d'avoir une relation sans limites, personnelle, intime et sincère.

7. Est-ce que ce rêve prend TOUT de toi et est tout pour LUI ?

Es-tu prête à te donner entièrement à Lui ? De le laisser diriger le bateau. Vas-tu lui faire confiance, l'aimer autant que tu as besoin d'oxygène pour vivre ? C'est la clé. Pour accomplir les rêves venant de Son cœur, tu dois tout lui donner, incluant ta propre personne, incluant ton cœur, ton âme, tes blessures, tes peurs, tes émotions.

« Cherchez premièrement le royaume et la justice de Dieu ; et toutes ces choses vous seront données par-dessus. »

Matthieu 6.33

Afin de valider tout ce qui vient du Seigneur, il est vital de rechercher en premier le royaume. Mais qu'est-ce que le royaume en fait ? C'est le cœur de Dieu, son caractère, son attitude, son visage, ses mains, son amour… Et la justice ? Jésus-Christ, le sacrifice à la Croix, les âmes et (à ce moment-là uniquement), toutes choses vous seront données par-dessus.

« Enseigne-moi à faire ta volonté ! Car tu es mon Dieu. Que ton bon esprit me conduise sur la voie droite ! » **Psaumes 143.10**

J'aime ce verset, car la clé est l'obéissance, l'enseignabilité, la redevabilité et la malléabilité dans les mains de Dieu, tels nous devons être.

Dieu dit à David : « Je t'instruirai et te montrerai la voie que tu dois

suivre ; Je te conseillerai, j'aurai le
regard sur toi. » **Psaumes 32.8**

Osons être soumises aux désirs de Son cœur, à Ses rêves, Ses visions pour notre vie, mais aussi et surtout pour Ses enfants. N'oublions jamais que le but ultime est de glorifier Christ dans toutes nos voies, mais également de faire de toutes les nations des disciples.

Dieu trouve toujours le moyen de nous montrer Sa volonté et pour preuve :

« *... vous rende capables de toute bonne œuvre pour l'accomplissement de sa volonté, et fasse en vous ce qui lui est agréable, par Jésus-Christ, auquel soit la gloire aux siècles des siècles ! Amen !* » **Hébreux 13 : 21**

Nous devons croire que Dieu nous montrera toujours Sa volonté par les moyens appropriés. C'est Sa responsabilité. Lorsque notre attitude et nos motivations seront soumises, nous connaîtrons certainement Sa volonté. Nous devons tous apprendre que Dieu cherche ardemment à révéler Sa volonté à l'homme.

Mais comment peut-on connaître la volonté de Dieu ? Un chrétien doit observer trois éléments pour connaître Sa volonté.

Quand les trois éléments suivants s'accordent, nous pouvons être presque certains que nous marchons dans la volonté de Dieu.

Ces éléments sont :

— Les circonstances
En effet, bien souvent nous faisons l'erreur de regarder nos circonstances et notre vie de (trop) près alors que nous devrions les regarder de bien plus loin afin d'en voir l'état global, la grosse image. Tel un peintre qui voudrait admirer son œuvre une fois achevée, Dieu regarde ainsi notre vie. Nous devons apprendre à faire de même. Si tu te poses des questions concernant ton appel, je te recommande mon livre Pour quoi es-tu faite ?

— La direction du Saint-Esprit
Ezéchiel 36 : 26-27 : « *Je vous donnerai un cœur nouveau, et je mettrai en vous un esprit nouveau ; j'ôterai de votre corps le cœur de pierre, et je vous donnerai un cœur de chair. Je mettrai mon esprit en*

vous, et je ferai en sorte que vous suiviez mes ordonnances, et que vous observiez et pratiquiez mes lois ». Dès lors, il faut écouter et obéir, tu dois être prête à faire SA volonté même si elle est différente de la tienne. Tu dois tenir compte de sa voix lorsqu'il te donne une indication (exemple : lorsqu'il a parlé à Philippe pour s'approcher du char ou encore lorsque l'Esprit n'a pas permis à Paul d'annoncer la Bonne Nouvelle en Asie).

— L'enseignement des Écritures

Psaumes 119 : 105 : *« Ta parole est une lampe à mes pieds, Et une lumière sur mon sentier ».*

Matthieu 28 : 19-20 : *« Allez, faites de toutes les nations des disciples, les baptisant au nom du Père, du Fils et du Saint-Esprit, 20 et enseignez-leur à observer tout ce que je vous ai prescrit. Et voici, je suis avec vous tous les jours, jusqu'à la fin du monde ».*

Bien sûr, malgré tout cela tu pourrais me dire : « MAIS, LESLIE TU NE CONNAIS PAS MON TÉMOIGNAGE NI QUI JE SUIS ! » Et pourtant ma réponse est celle-ci : « Oui, je te connais, toi qui lis ce livre, TU es une femme de Dieu. Pas parfaite, certes, ayant besoin de guérison et de restauration, mais tu n'en reste pas moins une femme de Dieu ayant la puissance du Saint-Esprit en toi, étant faite à l'image et à la ressemblance même de Dieu, sauvée à cause du sacrifice de Christ à la croix. Mais tu dois comprendre une chose extrêmement importante. »

Tout est relié

Oui, tout est relié. Ton témoignage, tes rêves, ton cheminement, les obstacles passés… Absolument tout.

Il est certain que je ne connais pas ta vie dans les moindres détails, mais par contre, je peux te parler de la mienne. Pendant des années, je me demandais réellement si j'étais appelée, s'il y avait un but à tout ce que j'avais vécu. Je ne pense pas qu'un enfant de Dieu « passe au travers de la vie, tel un flotteur allant au gré des vagues ». Mais je m'interrogeais sur le but de Dieu dans tout ce que j'avais vécu.

Mes rêves :

J'ai toujours voulu changer le monde, l'améliorer et répondre aux besoins des gens. Je voulais voir les gens vivre heureux et libres, totalement libres. Je voulais être patronne dès l'âge de trois ans. J'ai toujours pensé que le monde était plus que simplement « juste ça » et que chacun avait le droit de s'épanouir dans sa pleine identité. Je voulais être une Avanger, une super héroïne (d'ailleurs ma mère m'a souvent rappelé que je n'en étais pas une).

Mon témoignage :

Nous allons faire qu'un court (très court) récapitulatif des choses. D'accord ? J'étais une enfant désirée par mes parents, mais non par la famille de mon père (et pourtant j'étais « légale » puisque conçue dans les liens sacrés du mariage). La vérité est que les démons qui habitaient ma famille paternelle, du fait de la magie noire et la sorcellerie grandement pratiquées, savaient déjà que j'allais servir un maître plus grand que le leur : Dieu le Père, Dieu le Fils et Dieu le Saint-Esprit. Les médecins ont dû me maintenir en vie par injections jusqu'à ma naissance.

Puis vint ma septième année : abus sexuel (3 fois), divorce de mes parents. Onze ans : assassinat de mon père pour une histoire de poisson. Pendant des années, le mari de ma mère se masturba devant mon lit la nuit jusqu'à mon départ de chez eux. De quatorze à dix-huit ans, j'étais boulimique vomitive. C'est dire que je mangeais à l'extrême et me faisais vomir peu de temps après. De seize à vingt-sept ans, je me droguais. À vingt-neuf ans, j'étais au bord du divorce.

Également, ayant été éduquée dans un système de

performance, je devais rentrer dans un moule, peu importe mon identité et mes choix. Je devais me conformer. Chose très difficile pour une super héroïne potentielle. Je suis donc devenue la femme caméléon, avec son masque aux multiples facettes

Mon cheminement :

Lorsque j'ai rencontré Christ en septembre 2004, je n'étais plus que l'ombre de moi-même, une femme sans aucune identité propre. Brisée, méchante. Et quand je dis méchante, tu peux t'imaginer la plus méchante des films Disney ; tu ne serais même pas proche de la réalité). J'étais blessée, brisée. Mon face à face avec Jésus a immédiatement transformé ma vie. Je suis devenue une nouvelle créature dans mon esprit. Mais mon âme était si abîmée. Et ce fut un long cheminement pour arriver à la guérison.

Car il faut comprendre une chose importante : toi et moi, avons vécu des expériences désagréables, voire dramatiques. Et notre âme a été meurtrie. Nous avons été privées de notre réelle et pleine identité, comme Papa nous a créées dès la fondation du monde, mais nous avons été également privées de notre réelle liberté à cause de nos blessures.

A D N

> « *Si donc le Fils vous affranchit,*
> *vous serez réellement libres* »
> **Jean 8.36.**

Et il se peut, aujourd'hui encore, que tu ne sois que partiellement guérie ou pas du tout.

Dis-moi, de quoi souffres-tu ?

Une des choses que j'ai pu remarquer, durant les années de ministère, est que nous pouvons pardonner aux gens qui nous ont blessées, pardonner le mal qu'ils nous ont fait et les relâcher, mais cela ne signifie pas que nous avons guéri de nos blessures. Les expériences douloureuses qui se développent tout au long de nos vies façonnent nos blessures émotionnelles. Nous devons prendre conscience de ces blessures et éviter de les déguiser, car plus nous attendons pour les guérir, plus elles vont s'empirer. De plus, lorsque nous sommes blessés, nous vivons constamment des situations qui touchent à notre douleur et ainsi nous revêtons différents masques de peur de raviver notre douleur.

Bref, lorsque nous sommes blessées, c'est la catastrophe et si nous ne guérissons pas, un venin s'enracine en nous. Bien des églises « basées sur la théologie de la Parole », mais non sur le Saint-Esprit m'ont dit qu'il était inutile de s'appuyer sur la guérison de l'âme, le traitement des blessures qui pourraient s'y loger, en s'appuyant sur le verset suivant :

> « *Si quelqu'un est en Christ, il est une nouvelle créature. Les choses anciennes sont passées ; voici, toutes choses sont devenues nouvelles.* » **2 Corinthiens 5.17**

Et je suis d'accord, mais pour saisir ce passage, nous devons lire le verset précédent :

> « *Ainsi, dès maintenant, nous ne connaissons personne selon la chair ; et si nous avons connu Christ selon la chair, maintenant nous ne le connaissons plus de cette manière.* »
> **2 Corinthiens 5.16**

Ces deux passages ne s'appliquent pas au fait que nous n'avons pas besoin de guérir de nos blessures, cela nous dit que nous connaissons Christ d'une manière différente de celle de la chair, donc par l'Esprit. Cela nous indique également notre autorité dans le spirituel : nous sommes passées d'un être charnel (géré par ses émotions et selon les règles du monde) à un être spirituel en premier (vivant donc selon le Royaume de Dieu et ayant une position d'autorité et de réconciliation en Christ). En revanche, il y a un passage très intéressant et très révélateur dans la Parole de Dieu.

> *« L'Esprit du Seigneur est sur moi, Parce qu'il m'a oint pour annoncer une bonne nouvelle aux pauvres ; Il m'a envoyé pour guérir ceux qui ont le cœur brisé, pour proclamer aux captifs la délivrance, Et aux aveugles le recouvrement de la vue, Pour renvoyer libres les opprimés, Pour publier une année de grâce du Seigneur. »*
> **Luc 4.18-19**

Ceux qui ont le cœur brisé... À ce niveau, il s'agit de guérison et de restauration de l'âme. Que contient notre âme exactement ?

1. Volonté : tout ce dont tu as ou non envie, incluant toutes les fois où tu as procrastiné sur tes projets ;
2. Intelligence : tes pensées, ta manière de voir les choses, ta compréhension ;
3. Émotions : les blessures, les peurs, le réceptacle de tes expériences positives ou négatives traduites en émotions dans ta base de données, déterminant par la suite ta manière de réagir dans différentes situations, avec la société, tes projets, tes rêves, les autres et toi-même.

Mais la bonne et grande nouvelle, lorsque nous sommes blessées, est ceci :

> *« Si donc le Fils vous affranchit,*
> *vous serez réellement libres »*
> **Jean 8.36.**

Bien sûr, si tu le désires. Nous parlerons du processus au prochain chapitre. Mais guérir de quoi en fait ? Et là tu pourrais me dire : « Leslie, tout va bien. J'ai pardonné et relâché. Tout est cool. » Oui d'accord, mais continuons la lecture. Tu veux bien ?

Il y a cinq types de blessures : le rejet, l'injustice, l'abandon, la trahison et l'humiliation. Personnellement, j'ai eu le « plaisir » d'en expérimenter quatre à répétition, jusqu'à ce que je reçoive mes guérisons, les unes après les autres. Alors, allons dans le vif du sujet de cette première partie. Je vais te parler de chaque blessure, l'une après l'autre, afin que tu puisses reconnaître celles qui te tiennent encore esclave.

Rejet[1]

La personne, portant cette blessure, se sent rejetée au plus profond de son être et surtout dans son droit d'exister. Très sensible à la moindre remarque, elle se sent facilement rejetée et blessée en cas de contradiction.

Pour se protéger l'individu en question se dote d'un masque s'appelant le FUYANT pensant que s'il fuit les situations de REJET, il ne souffrira pas. Le fuyant doute de son droit à l'existence. Ainsi, pour se défendre, il fuit dans son monde imaginaire rêvassant continuellement. Ce masque lui interdit d'être lui-même, son instinct de survie l'obligeant à fuir toute situation où il risque le rejet de sa personne. Le fuyant préfère ne pas s'attacher aux choses matérielles, car elles l'empêcheraient de fuir à son goût et de toutes les manières. L'argent ne lui apporte aucun plaisir, il le dépense uniquement par nécessité. Ainsi, il n'y a pas d'attache aux choses de ce monde. Comprends bien que cela n'a pas rapport avec la Parole de Dieu disant qu'on ne doit pas s'attacher aux choses de ce monde. Ce détachement est réellement dû à sa blessure.

La personne blessée aura dès lors tendance à douter de son propre droit d'existence et à se demander pourquoi elle est là. Quelles sont finalement les raisons de son existence sur terre. Résultat : elle ne peut ne jamais entrer dans son appel. C'est ainsi qu'elle va avoir du mal à accepter qu'elle puisse être aimée et va se rejeter elle-même, notamment dans les situations où elle pourrait s'attacher, par crainte de souffrir de cette blessure. Ainsi, lorsqu'elle est en groupe ou en couple, elle va toujours chercher le moyen de fuir et de saboter ses relations, d'autant plus qu'en doutant de son droit d'exister, elle pense qu'elle n'a aucune valeur et qu'elle n'est pas capable d'apporter du bonheur aux autres. Quand elle est choisie, elle ne le croit pas et se rejette elle-même pour finir parfois par saboter la situation. Lorsqu'elle n'est pas sélectionnée, elle se sent rejetée par les autres, s'enfermant ainsi dans un véritable cercle vicieux.

Quand ce personnage parle et qu'on lui coupe la parole, sa réaction est de penser qu'il n'est pas important. De plus, il n'ose pas donner son opinion de peur d'être rejeté. De même, s'il a une demande à faire à une personne occupée, il laissera tomber et ne dira rien, se croyant peu important pour déranger l'autre. Il pense qu'être compris signifie être aimé or qu'aimer, c'est accepter l'autre même si on ne le comprend pas. Plus le fuyant se rejette lui-même, plus il a peur de se faire rejeter. Il se dévalorise sans cesse, se compare souvent à mieux que lui ;

ce qui porte à croire qu'il est moins bien que les autres. Il a de la difficulté à croire qu'on puisse le choisir comme ami, comme partenaire de vie ou qu'il soit véritablement aimé des gens.

Son objectif est de sans arrêt chercher la validation des autres. Le fuyant parle peu et s'il le fait ce sera pour se mettre en valeur aux yeux d'autrui. Il pense que s'il vit dans son monde il ne souffrira plus, car ne sera plus rejeté par les autres. Il recherche la solitude, car s'il recevait beaucoup d'attention, il aurait peur de ne pas savoir quoi faire. C'est comme s'il était de trop. En famille ou dans n'importe quel groupe, il s'efface. Le fuyant a généralement très peu d'amis. On le considère comme solitaire et on le laisse seul, mais finalement, c'est toujours un cercle vicieux. Plus il s'isole et plus il semble devenir invisible. Il devient tellement effacé que les autres ne le voient plus. Il se retrouve de plus en plus seul et se donne ainsi les raisons de se sentir rejeté. Une autre caractéristique du fuyant est la recherche de la perfection dans tout ce qu'il fait, car il croit que s'il fait une erreur il sera jugé, et donc, rejeté.

La plus grande peur du fuyant est la PANIQUE. Aussitôt qu'il pense pouvoir paniquer dans une situation, sa première réaction est de se sauver, de se cacher ou de fuir. Il préfère disparaître, car il sait qu'en état de panique, il fige sur place. Il croit qu'en fuyant ainsi, il s'évitera le malheur. Vouloir disparaître est inné chez le fuyant et son inconscient le pousse à rencontrer des situations ou des personnes pouvant le faire paniquer. Sa peur rend la situation encore plus dramatique et il trouve toujours toutes sortes de bonnes raisons pour justifier les départs ou les fuites.

La raison principale de cette blessure vient de l'incapacité à se pardonner et à pardonner aux autres. Nous reprochons aux autres tout ce que nous leur imposons nous-mêmes et ne voulons pas voir. Pour se soigner, il faut enlever le masque, donc CESSER DE FUIR et AFFRONTER LA PEUR DU REJET. La blessure de REJET est en voie de guérison lorsque le blessé prend de plus en plus sa place et qu'il ose s'affirmer et surtout quand il cesse de disparaître à la moindre objection. Aussi, est-il vrai que les situations où la peur de vivre et la panique deviennent moindres témoignent de ses progrès.

Es-tu blessée par le rejet ? Pose-toi sincèrement la question et réponds-y avec liberté.

Injustice[1]

En cas d'injustice, la consiste à se couper de ce qui est ressenti, croyant ainsi s'épargner. Le masque créé par la personne pour se protéger est celui de la RIGIDITÉ.

Le Rigide est très sensible intérieurement, mais il fait tout pour réprimer ses émotions et ne rien montrer aux autres en faisant croire que rien ne le touche. Il croit ainsi ne plus être la victime des critiques et de l'injustice du monde. Ainsi, il semble toujours froid et imperturbable. Ce sont les Rigides qui sont les plus portés à se croiser les bras, non pas parce qu'ils sont fâchés. Je parle vraiment d'une position physique inconsciente, mais révélatrice de qu'ils bloquent ainsi la région du plexus solaire pour ne pas ressentir. Ils sont également portés à s'habiller en noir, en couleurs foncées ou encore avec des tons neutres sans vie, toujours pour cacher par ce biais leur vulnérabilité. Le Rigide cherche la justice à tout prix. En devenant perfectionniste, il aura toujours ce besoin d'être parfait, tant dans les actes que les paroles. C'est un but, une mission.

De tous les blessés, c'est lui qui a le plus peur de prendre du poids, voulant toujours donner l'impression de la perfection. Très jeune, le rigide remarque que l'entourage l'apprécie plus pour ce qu'il fait que ce qu'il est. Il devient donc le plus performant possible et commence à se débrouiller rapidement seul. Il fait tout pour ne pas avoir de problèmes ou de soucis en faisant son possible pour oublier la douleur. Il est trop optimiste en surface et même s'il a des difficultés, il dira toujours que tout va bien (et ce n'est pas vivre par la foi dans ce contexte-ci), préférant se débrouiller seul pour les résoudre. À chaque déception ou ennui, il continue à dire « pas de problème », cachant ce qu'il ressent en donnant une impression de calme.

Quand le rigide est convaincu d'avoir raison face à l'autorité, il se justifiera jusqu'à avoir raison et même s'il a totalement tort, il s'obstine. Quand les autres doutent de lui, le commandent, le grondent alors qu'il sait avoir été honnête et juste, il vit cela comme une inquisition et un véritable traumatisme. Pour se défendre dans ses explications, il utilise souvent les mots « jamais », « toujours », « très » pour se justifier.

On peut remarquer dans son langage qu'il commence souvent ses phrases par « bien » ou « bon » pour s'assurer que ce qu'il dira sera bien et juste. Il termine par « d'accord » ou « OK », afin de vérifier la justesse de ses propos. Quand le rigide est ému, il ne veut pas le montrer, mais on peut le reconnaître à son ton de voix devenant sec et raide. Il peut utiliser le rire pour cacher ses émotions sans que la situation ne soit drôle pour autant. Lorsque l'on demande à un rigide comment il va, il répond systématiquement « super ou bien ».

Les personnes rigides sont exigeantes envers elles-mêmes dans la plupart des domaines de la vie. Elles ont une grande capacité à se contrôler, à s'imposer des tâches. Elles recherchent tellement la perfection, qu'elles ne cherchent jamais à s'arrêter, à s'amuser ou se reposer. Elles se croient obligées de toujours être dans l'action, ainsi elles font leur devoir. Comme il y a toujours quelque chose à faire dans le quotidien, le rigide se permet rarement le luxe de se détendre sans se sentir coupable. Quand il se repose ou s'amuse, il se justifie toujours en mettant en avant le mérite dû à son action. De plus, il se sent coupable donc injuste, s'il ne fait rien pendant que l'autre travaille, ainsi il s'oblige constamment à rester actif. Son corps est toujours en alerte et tendu même au repos.

Il a des difficultés à reconnaitre ses limites, ne prenant pas le temps de s'écouter. Il en fait trop et s'arrête seulement quand il craque physiquement ou nerveusement. Il demande rarement de l'aide, préférant tout faire seul pour que tout soit parfait. Chez lui, la notion de mérite est cruciale. Il doit mériter TOUT ce qui lui arrive de bien dans ce monde. Aider les autres ayant moins lui permet surtout de soulager sa conscience. De plus, il éprouve de la difficulté à recevoir des cadeaux, car il se sent redevable. Plutôt que de se sentir obligé de donner à autrui quelque chose de la même valeur pour être juste, il préfère ne rien recevoir et refuse.

Le rigide est rarement malade et est dur avec son corps. Il va rarement voir le médecin et prend peu de médicaments. Quand il demande de l'aide, c'est que la situation est vraiment sérieuse.

Le rigide a de la difficulté à se laisser aimer et à démontrer son amour. Il pense souvent trop tard à ce qu'il aurait voulu dire ou aux marques d'affection qu'il aurait voulu donner à ceux qu'il aime. Il se promet souvent de le faire quand il les reverra, mais il oublie une fois que l'occasion se présente. En agissant ainsi, il est injuste envers les autres et envers lui-même, car il se prive d'exprimer ce qu'il ressent vraiment.

La plus grande peur du rigide est la FROIDEUR. Il a autant de difficulté à accepter sa propre froideur que celle des autres. Il fait tout son possible pour se montrer chaleureux et ne réalise pas vraiment qu'autrui peut le trouver insensible et froid. Il ne prend pas conscience qu'il évite d'être en contact avec sa sensibilité pour ne pas se montrer vulnérable. Il vit difficilement la froideur des autres. Quand une personne est froide avec lui, il en a mal au cœur et il se demande tout de suite ce qu'il a fait ou dit d'incorrect pour que l'autre agisse ainsi.

Il ne se rend pas compte qu'en agissant de la sorte, il est injuste envers lui-même. Souvent la personne victime d'injustice souffre également du rejet, ce qui n'est pas toujours le cas à l'inverse.

Pour la blessure d'injustice, le signal de la guérison sera quand le rigide se permettra d'être moins perfectionniste, de faire des erreurs sans vivre de colère ou de critique. Le rigide doit s'accorder le droit de montrer sa sensibilité, de pleurer devant les autres sans avoir peur de leur jugement.

Es-tu blessée par l'injustice ?

Abandon[1]

La blessure vécue dans le cas d'un abandon se situe au niveau de l'AVOIR et du FAIRE plutôt qu'au niveau de l'ÊTRE comme c'est le cas dans la blessure du rejet.

Le masque que l'humain se crée pour tenter de cacher sa blessure est celui du DÉPENDANT.

Le dépendant croit qu'il ne peut arriver à rien tout seul et qu'il a besoin de quelqu'un d'autre pour le supporter et l'aider. De grands yeux tristes indiquent aussi la blessure d'abandon ; ce sont des yeux voulant attirer l'autre par le regard. Le dépendant est celui qui est le plus apte à devenir victime. Une victime se créant des difficultés de toutes sortes, principalement des problèmes de santé afin d'attirer l'attention.

Lorsqu'il semble vouloir attirer l'attention par divers moyens, en réalité il cherche à se sentir assez important pour recevoir du support. Il croit que s'il n'arrive pas à attirer l'attention de l'autre il ne pourra pas compter sur cette personne.

Le dépendant dramatise beaucoup et tout, le moindre incident prend des proportions gigantesques. Être abandonné est plus douloureux à vivre pour lui que les divers problèmes qu'il s'attire.

Seul un autre dépendant peut vraiment comprendre cela. Plus une personne agit en victime, plus sa blessure d'abandon devient importante. Le dépendant a souvent des hauts est des bas. Pendant un certain temps, il est heureux, tout va bien et tout à coup, il se sent malheureux et triste. Il se demande même pourquoi, car très souvent cette situation arrive sans raison apparente. En fait en cherchant bien, il pourrait découvrir sa peur de la solitude.

La forme d'aide dont le dépendant a le plus besoin est le soutien des autres. Qu'il ait ou non des difficultés à prendre des décisions par lui-même, il demande généralement l'opinion ou l'approbation des autres avant de décider. Il a besoin de se sentir soutenu, supporté dans ses décisions. C'est la raison pour laquelle ce genre d'individu passera pour quelqu'un ayant de la difficulté à se décider ; mais en réalité il ne se décide pas ou doute de sa décision seulement s'il ne se sent pas appuyé par quelqu'un d'autre.

Ses attentes face aux autres sont en fonction de ce qu'ils peuvent faire pour l'aider. Quand il est soutenu, il se sent aidé et aimé. Le dépendant utilise souvent l'expression « je ne supporte pas », cela indique à quel point il fait très souvent aux autres, sans s'en apercevoir, ce qu'il a peur qu'on lui fasse.
Il peut souvent passer pour paresseux parce qu'il n'aime pas se livrer à des activités ou du travail physique seul ; il a besoin de la présence de quelqu'un d'autre pour le supporter. Lorsqu'il fait quelque chose pour une personne, ce sera avec l'attente d'un retour d'affection.

Le dépendant qui est dans sa partie victime a tendance à poser beaucoup de questions. Cela se voit quand il demande de l'aide. Il a beaucoup de difficultés à accepter un refus et il a tendance à insister. Plus il souffre en se faisant dire non, plus il est prêt à utiliser tous les moyens pour obtenir ce qu'il veut,

c'est-à-dire la manipulation, la bouderie ou le chantage.
Il demande souvent des conseils, car il ne se croit pas capable
d'y arriver seul.

La SOLITUDE (ou la rupture) est sa plus grande peur, il est convaincu de ne pas pouvoir la gérer. C'est pourquoi il s'accroche à autrui et fait tout pour attirer l'attention. Sa peur est : « *Que vais-je faire seul ? Que vais-je devenir ?* »

Le dépendant a également un inconfort avec le mot LAISSER qui, pour lui, est synonyme d'abandonner. Si tu dis à une de ses personnes, lors d'une discussion intense : « Laissons passer de l'eau sous les ponts ; on en reparlera plus tard », tu peux croire que cela ne passera pas. C'est un abandon total selon lui ou elle. Lorsque le dépendant se sent abandonné, il croit qu'il n'est pas assez important pour mériter l'attention de l'autre. L'émotion la plus intense vécue par le dépendant est la TRISTESSE.

La personne dépendante pleure facilement, surtout lorsqu'elle parle de ses problèmes ou de ses épreuves. Dans ses pleurs, elle accuse les autres de la laisser tomber lorsque surviennent les difficultés ou encore de ne rien pour elle alors pense tout donner et tout faire pour eux. Elle ne réalise pas qu'elle laisse elle-même tomber les autres souvent, ainsi que ses projets en cours de route. Elle ne s'aperçoit pas du nombre de fois où elle ne fait pas aux autres ce qu'elle veut qu'on lui fasse.

La blessure d'abandon se guérit quand on se sent bien lorsqu'on est SEUL et que l'on recherche moins l'ATTENTION. Quand la vie devient moins dramatique et que cessent les accusations concernant le fait que les autres ne vivent que pour eux-mêmes. Le blessé a de plus en plus envie d'entreprendre des projets et même si les autres ne les appuient pas, il arrive (enfin) à les finaliser.

Es-tu blessée par l'abandon ?

Trahison[1]

Le contrôlant se crée un corps qui exhibe la force, le pouvoir et qui semble dire : « Je suis responsable, vous pouvez me faire confiance. » Dans l'ensemble, les personnes portant le masque de contrôlant prennent une place imposante et sont les plus physiques. Il y a souvent un « regardez-moi » émanant d'elles. Leur regard est intense et séducteur. Lorsque les contrôlants regardent une personne, ils ont le don de la faire se sentir spéciale, importante. Ils voient tout rapidement, l'intensité de leur regard d'ailleurs les aide à tout voir d'un seul coup d'œil, saisir rapidement ce qui se passe autour d'eux. Ils utilisent beaucoup leurs yeux pour garder l'autre à distance quand ils sont sur la défensive ou pour fixer l'autre d'une façon intimidante. Ils se protègent ainsi pour ne pas montrer leur faiblesse, leur vulnérabilité ou leur impuissance.

La FORCE est une caractéristique commune à toutes les personnes ayant une blessure de trahison. Très exigeantes avec elles-mêmes, elles veulent montrer aux autres ce dont elles sont capables. Tout acte de lâcheté est vécu comme une trahison. Elles s'en voudront énormément de laisser tomber un projet, de ne pas avoir eu le courage d'aller jusqu'au bout. Car cela serait un acte de haute trahison.

De plus, le contrôlant ne supporte pas la lâcheté chez les autres. Comme il éprouve de la difficulté à accepter toute forme de trahison provenant de lui-même ou des autres, il fait tout pour être une personne responsable, forte, spéciale et importante. S'il est conscient d'avoir trahi une personne par le fait de ne pas tenir sa promesse par exemple, il présente toutes sortes d'excuses et il peut même utiliser le mensonge pour s'en sortir.

Le contrôlant a une forte personnalité. Il affirme ce qu'il croit avec force et s'attend à ce que les autres adhèrent à ses croyances. Il se fait rapidement une opinion sur une autre personne ou sur une situation et il est convaincu d'avoir raison. Il affirme son point de vue de façon catégorique et veut à tout prix convaincre les autres. Il va souvent utiliser l'expression

« as-tu compris ? » Il croit que lorsqu'une autre personne le comprend, elle est d'accord avec lui, ce qui n'est malheureusement pas le cas.

La personne contrôlante s'arrange pour ne pas se placer dans des situations de confrontation où elle n'aurait pas le contrôle. Quand elle se retrouve avec des personnes rapides et fortes, elle se retirera par peur de ne pouvoir faire face. Elle est rapide dans ses actions et comprend vite. Elle interrompt souvent et répond avant que son interlocuteur ait fini. Par contre si on ose lui faire le même traitement, elle dira avec force « *laissez-moi terminer, je n'ai pas fini de parler !* »

Le fait qu'elle s'exécute rapidement la rend impatiente avec les gens plus lents. Elle doit faire des efforts pour lâcher prise avec eux. Quand les choses sont trop lentes à son goût ou qu'elle est dérangée par un imprévu, elle laisse éclater sa colère.

Quand cela ne va pas dans ses attentes, elle devient facilement agressive, mais ne se voit pas en tant que telle. Elle s'imagine comme une personne s'affirmant forte et ne se laissant pas marcher sur les pieds. Elle peut être très lunatique ; pouvant être remplie d'amour et d'attention et la minute suivante se mettre dans une terrible colère pour un incident minime. Les autres vivent souvent ce genre d'attitude comme de la trahison.

Plus la blessure est forte, plus elle veut avoir le contrôle sur tout pour éviter de souffrir de trahison et plus elle veut prévoir l'avenir. Les inconvénients majeurs de cette attitude sont qu'elle pousse le contrôlant à vouloir que tout se passe comme il l'a prévu, qui l'empêche de profiter du moment présent. Le contrôlant aime arriver à l'avance pour s'assurer la maitrise sur tout. Il n'aime pas être en retard et ne peut tolérer les retardataires. Il devient impatient s'il termine une tâche avec du retard ou lorsque quelqu'un d'autre lui a promis un travail et le remet en retard. Cette difficulté est surtout vécue avec les personnes de sexe opposé avec qui il s'énerve plus rapidement.

Il a donc de la difficulté à déléguer une tâche tout en faisant confiance à l'autre. Il sera porté à vérifier continuellement si c'est fait selon ses attentes. Il n'aime pas montrer comment faire quelque chose et surtout il déteste la lenteur. Il a des yeux et des oreilles partout pour vérifier ce que font les autres et s'assure toujours que toute tâche soit convenablement faite. Il en devient plus exigeant avec autrui qu'envers lui-même. Le contrôlant a horreur des paresseux, il est hyperactif et ne supporte pas la léthargie. Il s'arrange pour que tout le monde sache ce qu'il a accompli et comment il a procédé. Ainsi, les autres verront combien il est responsable et digne de confiance.

Il n'aime pas se confier, ce qui serait un signe de faiblesse et une possible occasion utilisée contre lui afin de le dominer. Il est très sensible, mais s'évertue à cacher ses sentiments pour monter sa force et n'avouer aucune faiblesse. Il a horreur des personnes autoritaires, car il croit qu'elles voudront le contrôler. Il se justifie tout le temps pour expliquer avoir raison d'agir de telle façon. Il admet difficilement ses erreurs, ses peurs. Se montrer courageux, fort et brave est surtout une barrière pour dominer les autres et toute situation pouvant le malmener.

Le contrôlant est un grand manipulateur, se mettant souvent en colère quand une situation le dérange. Pour montrer sa force, le contrôlant veut avoir réponse à tout, d'où sa faculté d'apprendre énormément de choses. Mais s'il ne sait pas répondre, il préfère donner son avis au risque de dire n'importe quoi, car il refuse d'avouer son ignorance, donc sa faiblesse.

Sa plus grande peur est la DISSOCIATION sous toutes ses formes. Si la séparation vient de lui, il a peur de trahir l'autre et de se faire traiter de traître. Si elle vient de l'autre, il l'accusera de trahison.

Une autre grande peur est le RENIEMENT. Être renié signifie être trahi, par contre il ne réalise pas le nombre de fois où il renie les autres en les éliminant de sa vie. Il ne voudra pas donner une nouvelle chance à une personne en qui il a perdu confiance, bien souvent il ne voudra même plus lui parler. Les situations de reniement se vivent très difficilement, mais lui ne se rend pas compte à quel point il va facilement faire une croix sur les personnes de son entourage. Ses interactions avec les autres sont basées sur la force, la domination et la manipulation, voire la séduction pour un certain temps. Il a beaucoup de mal à pardonner et à faire confiance aux autres.

Le comportement odieux du contrôlant est, en fait, une peur de revivre la blessure de trahison, d'où son masque de dominateur voulant tout contrôler. Comme pour les autres blessures, il lui faudra d'abord en prendre conscience puisqu'il est le premier à en souffrir. Cette personne sera guérie quand elle ne vivra plus de colère. Lorsqu'une personne viendra déranger ses plans, elle devra lâcher prise et arrêter de vouloir que tout se passe comme elle l'entend. Ainsi, elle ne sera plus le centre d'attraction et en cas de réussite, elle n'aura pas besoin de le faire savoir à tout le monde pour être admirée.

Es-tu blessée par la trahison ?

Humiliation[1]

La personne qui vit de l'humiliation se créera le masque du MASOCHISTE. Le masochisme est le comportement d'une personne qui éprouve de la satisfaction, et même, du plaisir à souffrir. Elle recherche la douleur et l'humiliation, la plupart du temps, de façon inconsciente. Elle s'organise pour se faire mal ou se punir avant que quelqu'un ne le fasse. Dans la description physique du masque de masochiste, comme celui-ci se croit malpropre, sans cœur ou de moindre importance que les autres, il se développe un corps qui lui fait honte. Comme le masochiste veut se montrer solide, il devient performant et prend beaucoup de responsabilités à charge. Il a le don de se placer dans des situations où il doit prendre soin de quelqu'un d'autre ; il s'oublie ainsi de plus en plus. Plus il en prend sur son dos, plus il prend du poids.

Chaque fois que le masochiste semble vouloir tout faire pour les autres, il désire en réalité se créer des contraintes et des obligations. Le temps qu'il prend à aider les autres, il croit qu'il ne leur fera pas honte, mais très souvent il ressent une humiliation à le faire. Il se sent d'ailleurs rarement reconnu pour tout ce qu'il fait. Le masochiste ne réalise pas qu'en accomplissant tout pour les autres, il les abaisse et il les humilie en leur faisant sentir que, sans lui, ils ne peuvent y arriver seuls.

Il est impératif pour lui de comprendre qu'il n'a pas besoin de prendre autant de place dans la vie de ses proches. C'est pourquoi son corps physique prend beaucoup de place. Cela reflète sa croyance. Comme le masochiste, homme ou femme, est souvent fusionnel avec sa mère, il va tout faire pour ne pas lui faire honte, car elle a énormément d'emprise sur lui ou elle. Le masochiste a du mal à exprimer ses vrais besoins et ce qu'il ressent véritablement parce que depuis son jeune âge, il n'ose pas parler par peur d'avoir honte ou de faire honte à quelqu'un.

Il est hypersensible, la moindre chose l'atteint, par conséquent il fait tout pour ne pas blesser les autres. Dès que ceux qu'il aime sont malheureux, il se croit responsable. Il croit qu'il n'aurait pas dû dire ou faire quelque chose. Il ne réalise pas qu'en étant aussi activement à l'affût des humeurs d'autrui, il n'écoute pas ses propres besoins. Il alterne entre la honte et la culpabilité.

Le masochiste est souvent reconnu pour sa capacité à faire rire les autres en riant de lui-même. C'est une façon inconsciente de s'humilier et de s'abaisser. Personne ne peut ainsi deviner que la peur d'avoir honte se dissimule peut-être sous les mots qui font rire. La moindre critique à son égard le fait se sentir humilié et abaissé. De plus, il est spécialiste pour se dévaloriser lui-même. Il se voit moins important qu'il ne l'est en réalité. Il ne peut pas concevoir que les autres le considèrent comme une personne spéciale et importante à leurs yeux. Le mot PETIT est très présent dans son vocabulaire pour venir témoigner de son esprit torturé. Quand il utilise le mot gros, c'est pour s'humilier. Le masochiste se sent impuissant face à ceux qu'il aime et ceux qui sont proches de lui. Lorsqu'il se fait blâmer, il ne sait jamais quoi dire pour se défendre, même si la faute n'est pas la sienne. Se croyant coupable, il tentera d'arranger la situation par tous les moyens et même s'excusera.

Le masochiste adore la liberté et quand personne ne lui met de bâtons dans les roues, il s'éclate, vit sa vie à fond sans limites. À ce moment, il tombe dans le « trop » dans plusieurs domaines (nourriture, achat, boisson, travail), tout dans un énorme abus, voire parfois l'extrême. Lorsqu'il adopte un de ces comportements, il a honte, car il se sent humilié par les regards ou les remarques des autres. Il a très peur de se retrouver sans limites tout en étant convaincu qu'il ferait des choses honteuses. Sa plus grande peur est donc la LIBERTÉ. C'est certain qu'il ne saura pas la gérer seul. Il s'arrange donc inconsciemment pour ne pas être libre, en se mettant des responsabilités par rapport à autrui ou des activités pesantes, le rendant prisonnier.

Le masochiste a le don de se punir lui-même avant que quelqu'un ne le fasse. Il a tellement de difficultés à se faire plaisir, que lorsqu'il s'amuse dans une activité, il s'accuse de trop en profiter. Plus il s'accuse d'être ainsi, plus son corps profite en culpabilisant et en prenant du poids. En ce qui concerne l'alimentation, il est extrémiste. Il mange souvent gloutonnement et peut avoir des moments de boulimie. Il a honte et se sent coupable de trop manger et par conséquent il grossira. La nourriture est une forme de récompense pour apaiser ses douleurs, mais au final il en souffrira en devenant plus gros.

Pour se sortir de la blessure d'humiliation, le masochiste doit reconnaitre à quel point il a eu honte de lui-même ou des autres et combien certains ont pu avoir honte de lui. Il doit également devenir conscient des nombreuses fois où il s'humilie, se rabaisse et se rend indigne.

Si le choc est assez grand, sa conscience reprendra le dessus et il se rendra compte du piège le faisant tant souffrir. Se libérer de sa blessure d'humiliation passera d'abord par cette prise de conscience que ses parents ont vécu des choses semblables qui se reproduisent de génération en génération.

Il faut donc pardonner aux autres et à soi-même afin de s'aimer. La délivrance sera à ce prix ! La blessure d'humiliation sera guérie quand le masochiste aura pris le temps de vérifier ses besoins avant de dire « oui » aux autres. Il en prendra moins sur ses épaules et se sentira plus libre. Il arrêtera de se créer des limites et fera des demandes sans se croire dérangeant.

Es-tu blessée par l'humiliation ?

Ne soyons pas désespérées. Maintenant que nous avons trouvé les bobos, parlons des solutions.

Comment guérir ?

Les 5 étapes cruciales

Tout le monde a le droit à la guérison. Pour certaines, cela peut être long d'arriver à ce point-ci. Mais pas pour toi, car tu as le Saint-Esprit avec toi.

> *« Si donc le Fils vous affranchit,*
> *vous serez réellement libres »*
>
> **Jean 8.36.**

Je sais que si tu lis ce livre, Christ est dans ta vie et donc IL veut que tu sois libre et affranchie. Jésus-Christ veut que tu sois totalement guérie et il a le pouvoir de t'aider à y arriver. Je ne parle pas de délivrance, mais plutôt de guérison. Si tu as besoin d'être délivrée, je te recommande vivement de prendre rendez-vous avec les autorités de ton église locale pour qu'on te fasse le ministère. Afin d'entamer ton processus de guérison, nous allons, ensemble, décortiquer les cinq étapes.

1re étape. Il est important d'accepter que cette blessure fasse partie de toi et savoir que tu n'en es pas la cause. Pendant toutes ces années, par l'intermédiaire de cette blessure, tu as construit un bouclier de protection. Tu ne le vois peut-être pas, mais tes actions, tes attitudes et tes paroles d'autoprotection sont devenues des forteresses avec un système de survie automatisé.

Comprends qu'aucune transformation n'est possible si la blessure n'a pas été acceptée jusqu'à présent. Plus tu la rejetteras et te cacheras le visage, plus elle voudra s'enraciner. Donne-toi le temps d'observer comment tu t'es attachée à tes blessures au fil des ans, comment tu as porté un ou des masques.

Médite sur chacune de tes blessures, demande au Saint-Esprit de te montrer la source de ces blessures. Comment est-ce entré, par où, par qui, par quoi ? Prends le temps d'écrire chaque point que le Saint-Esprit va te montrer.

2e étape. Accepte le fait que ce que tu crains ou ce que tu reproches, tu le fais subir aux autres, mais tu te l'imposes à toi-même également. Quelle que soit la blessure : rejet, abandon, injustice, humiliation, trahison, nous infligeons aux autres ce que nous avons peur de vivre afin de ne pas avoir à le vivre (à nouveau). Oui, je sais que ce concept te semble tordu, mais tu ne pourras pas te défaire de la blessure tant que la racine ne sera pas arrachée.

3e étape. Autorise-toi à être en colère contre ces personnes qui ont alimenté tes blessures. Mais seulement pour un court laps de temps en fait, car une fois que tu t'es autorisée cela, n'oublie pas que tu dois pardonner et relâcher chaque personne. Je sais que ce ne sera pas facile et peut-être même qu'une personne devra se tenir à la brèche pour toi, mais rappelle-toi ceci :

> *« ... pardonne-nous nos offenses, comme nous aussi nous pardonnons à ceux qui nous ont offensés... »* **Matthieu 6.12**

Tu dois également quitter ton statut de coupable ou de victime. Se sentir coupable rend difficile le pardon, mais te libérer de cette culpabilité et de cette rancœur est la seule façon de guérir tes blessures. Est-ce vraiment important de pardonner et de relâcher ? OUI ! Le pardon brise nos chaînes, pas celles de l'autre ; le relâchement de la personne ou de la situation te permet de marcher librement vers ta pleine guérison.

Combien de fois ai-je vu des personnes pardonner, mais ne pas relâcher. Que s'est-il passé ? Elles ressassaient souvent la situation et lorsqu'elles en parlaient, elles vivaient encore la douleur et l'amertume. Ou encore, j'ai vu d'autres personnes pardonner et relâcher, mais ne pas vouloir déposer la blessure au pied de la croix. C'est un non-sens. Cela serait comme vouloir te marier, faire des enfants, mais ne pas les mettre au monde. Donne tout une bonne fois pour toutes et va de l'avant.

4e étape. Demande pardon au Seigneur d'avoir gardé ces blessures en toi et des conséquences qu'elles ont créées autant en toi que dans ta vie. Même si cela n'était pas de ta faute, tu les as portées et tu en as diffusé les conséquences. Tu les as cachées même à SES yeux. On ne se rend pas compte de cela et pourtant l'impact des blessures est bien plus profond qu'on ne le pense. Me faire abuser sexuellement dans mon enfance n'était pas ma volonté, nous sommes d'accord sur cela. Mais les conséquences de cette injustice ont vécu en moi. J'ai grandi et même lorsque je suis venue au Seigneur en 2004, j'ai décidé, malgré tout de les conserver. Pourtant je savais qu'être rebelle à mon mari, amère envers les hommes, dominatrice, etc. n'était pas conforme au cœur de mon Seigneur Jésus. Je le savais, mais je les conservais précieusement en moi-même si la culpabilité me rongeait (un autre aspect pour lequel demander pardon encore). Lorsque je suis passée par ce processus, j'ai dû demander pardon, car que je le veuille ou non, pendant longtemps j'ai aimé ces conséquences, même si elles étaient de mauvaises amies.

5e étape. Dépose tes blessures au pied de la croix, décide de ne plus les garder, donne-les-lui. C'est fini maintenant. C'est le temps de donner tes lourds fardeaux et de saisir le joug doux et léger de Christ. Mais il n'y a que toi qui puisses le faire, personne d'autre. Ne pense pas que tu puisses guérir en conservant tes blessures ainsi que leurs conséquences. Cela serait te mentir en plein visage. Si tu veux vraiment marcher dans la liberté en Christ, alors dépose tout. Oui tu risques de pleurer, mais, entre nous, c'est bien mieux que de rester esclave.

Pour guérir, l'équation est simple

PARDON + RELÂCHEMENT + TROUVER LA SOURCE + SE REPENTIR + DÉPOSER LE TOUT AU PIED DE LA CROIX = GUÉRISON.

Pose ce livre, mets-toi au calme avec ton cahier et prends le temps nécessaire d'entrer dans Sa présence et de commencer le processus de guérison.

Le pardon de soi

Tu l'as fait ? Ne pouvant pas le vérifier, je vais te faire confiance. Si tu ne l'as pas fait, s'il te plait, ne fuis pas devant ta liberté. Embrasse-la et cherche-la dans Sa présence. Une autre chose bien importante à saisir : le pardon de soi.

Parce que pardonner et relâcher les autres sont une chose, déposer nos blessures une autre, mais se pardonner soi-même est encore un autre combat. Pourtant il est écrit :

> *« Voici le second : Tu aimeras ton prochain comme toi-même... »*
> ***Marc 12.31***

Dans nos vies, nous avons toutes fait ce que l'on appelle des vœux intérieurs. Des engagements avec nous-mêmes qui nous lient et ne sont pas du tout en accord avec la Parole de Dieu. Bien sûr, cela apporte encore une fois son lot de conséquences. Prenons l'exemple de mon abus sexuel.

1) Le premier vœu intérieur fut : « plus jamais un homme n'aura le droit de s'imposer à moi ». Hum... Devine d'où venait ma rébellion contre mon mari ?

2) Suivi du second vœu : « je ne donnerai pas ni mon cœur ni ma confiance à un homme, je me préserverai même de mon époux au cas où. » Bon... Encore raté.

3) Etc.

J'ai fait ceci à cause de mes blessures qui ont suivi à la suite de :
- L'injustice (abus sexuel, divorce de mes parents, mort de mon père)
- Rejet (différence, amitiés manipulatrices, etc.)
- Trahison
- Abandon (décès de mon père)

Et cela a causé de terribles engagements envers moi-même. Et d'horribles conséquences. Alors il est plus que temps, si tu es dans cette situation que tu te pardonnes aussi. Certes, nous n'avons pas la même vie ni le même cheminement.

Mais une chose est sûre, tu as fait, dit des choses dont tu n'es pas fière et pour lesquelles tu te condamnes encore et/ou laisses un droit d'accès à l'ennemi.

> *« Si donc le Fils vous affranchit,*
> *vous serez réellement libres »*
> **Jean 8.36.**

Eh oui, encore. Mais si Christ t'a pardonné et qu'il t'a affranchie de tes péchés, pourquoi continues-tu à te fouetter toi-même avec ton fouet clouté ? C'est le moment du pardon de soi. Comment faire ? C'est simple. Va devant ton miroir (salle de bain, chambre ou autre). Regarde-toi dans les yeux et parle-toi. Voici un exemple :

« [Ton prénom], tu sais lorsque tu as fait [nommer l'acte et le vœu intérieur de...], cela n'était pas une bonne chose. Non seulement, tu t'es emprisonnée seule alors que Christ veut ta liberté, mais tu as permis au diable de venir de tourmenter dans tes pensées. Aujourd'hui, c'est assez, je ne veux plus de ça. [Ton prénom], je t'aime et je te pardonne, car tu n'es pas parfaite, c'est vrai, mais tu es une bonne femme. Tu es aimée de Jésus et de Dieu. Aujourd'hui, je prends la décision de briser mon engagement envers moi-même, mon vœu intérieur [nommer le vœu intérieur], je déclare que dans le nom de Jésus, je suis libre en Christ, affranchie. Je déclare que [que déclares — tu qui est contraire au vœu fait et en accord avec la Parole de Dieu ? Dis-le à voix haute]. Non seulement je me pardonne, mais je me repens de ce vœu intérieur, je demande pardon à Dieu d'avoir désiré faire ma propre volonté et non la sienne. Merci Seigneur que tu m'apprends à m'aimer comme toi tu m'aimes. Merci Seigneur pour ta bonté, ta patience et ta fidélité envers moi. Dans ton nom Seigneur, je reprends ma pleine identité en toi et c'est dans le nom de Jésus que je prie. Amen. »

La règle ultime

Il y a une règle immuable dans les lieux célestes. Que signifie le mot immuable ? Qui ne bouge ni ne change. Si (oui, je dis bien SI) tu appliques cette règle dans ta vie, que tu te détermines à en faire ton style de vie, crois-moi que tu vas vivre une révolution avec Christ. Tu ne pourras plus marcher sous le poids de l'ennemi, de tes pensées, des blessures. La règle qui suit est la clé te permettant d'activer pleinement :

> *« Si donc le Fils vous affranchit,*
> *vous serez réellement libres »*
>
> **Jean 8.36.**

C'est un secret que les esprits religieux ne peuvent saisir ni comprendre. Mais fais-moi confiance, quand tu adoptes ceci et le pratique pour le reste de tes jours, cela transforme tout et aligne ta vie avec Son plan parfait pour toi, mais également avec Son cœur et Son amour pour toi.

INTIMITÉ = IDENTITÉ = MATURITÉ = AUTORITÉ

Intimité. Plus tu iras dans une relation profonde avec le Seigneur, plus tu connaîtras ta réelle identité : permets-lui de te renouveler, permets-lui de parler à ton cœur, de faire remonter les choses cachées en toi. C'est dans l'intimité de Sa présence, que tu deviendras réellement toi, selon la manière dont il t'a créée avant la création du monde.

Identité. Plus tu connaîtras ton identité, plus tu deviendras mâture en Lui : tu t'aligneras avec son identité et son cœur, tu pourras défaire les mensonges de l'ennemi. Lorsque tu saisis la plénitude de ton identité en Christ et en Dieu, les mensonges n'imbibent plus tes pensées, ni tes actions ou tes paroles. En connaissant ton ADN, tu deviendras mâture. Attention, je n'ai pas dit adulte, mais mâture.

Maturité. Plus tu deviendras mâture, plus tu comprendras l'autorité en toi, celle de Christ, de Dieu, du Royaume. À ce moment des versets prendront réellement vie en toi et s'activeront comme :

— *« Voici, je vous ai donné le pouvoir de marcher sur les serpents et les scorpions, et sur toute la puissance de l'ennemi ; et rien ne pourra vous nuire. »* **Luc 10.19**

— *« En vérité, en vérité, je vous le dis, celui qui croit en moi fera aussi les œuvres que je fais, et il en fera de plus grandes, parce que je m'en vais au Père ; »* **Jean 14.12**

Appelée et conquérante

Finissons cette première partie avec une prière de déclaration.

« Aujourd'hui, je déclare que je ne suis plus esclave de mes blessures passées. Je les dépose toutes à la croix, devant toi Seigneur. Tu t'es donné afin que je sois libre en toi, guérie aussi dans mes émotions, mes pensées… Guérie dans mon âme.

Aujourd'hui, je déclare que je suis libre de danser et de chanter, libre de vivre simplement et pleinement dans mon identité et par n'importe laquelle, non, celle que tu m'as donnée. Merci d'avoir fait de moi une créature si merveilleuse, de m'aimer et de vouloir ma liberté.

Aujourd'hui, je suis une conquérante, une vainqueure à cause de ton nom. Tu m'as créée de manière unique, à ta ressemblance et je ne veux ressembler à personne sauf à toi, je ne veux copier personne sauf toi. Je veux et je vais découvrir et explorer qui je suis en toi et au travers de toi.

Dans le nom de Jésus, je prie. Amen. »

PRIORITÉS

Mise à niveau

Tout le monde a des priorités, même si elles ne sont pas toujours dans le bon sens.

Nous avons les priorités divines :

— Dieu, conformément à **Marc 12.30** : « *Tu aimeras le Seigneur, ton Dieu, de tout ton cœur, de toute ton âme, de toute ta pensée, et de toute ta force* ».
— Toi et ta famille.
— Les âmes, en accord avec **Marc 12.31** : « *Voici le second : Tu aimeras ton prochain comme toi-même...* »

Peu importe ce qu'il se passe, ces priorités divines ne devraient, en aucun cas, quitter nos vies ou nos pensées. Cela devrait être notre manière de vivre, de respirer et d'être.

ADN

Puis nous avons les priorités terrestres, celles qui vont selon les saisons de nos vies. Je te présenterai les neuf zones de priorités dans le prochain chapitre. Bien souvent, nous pensons travailler sur les bonnes priorités, mais en fait, comme on dit, nous sommes totalement dans le champ ou à côté de la plaque.

Il y a trop souvent une grande différence entre ce que l'on pense ou ce que l'on aimerait et notre réalité, ce que voient les autres : le fruit de nos actions.

Lorsque je me suis mise en affaires en 2004, c'était bel et bien pour passer plus de temps avec ma petite famille (à l'époque, il n'y avait qu'un enfant). Oui, pour mieux gagner ma vie, certes, mais avant tout pour : être libre, avoir du temps pour mon mari et mon enfant, passer du temps de qualité extraordinaire, puisque c'est mon langage d'amour premier. C'était ce que je voulais et je pensais le faire. Pourtant, ma réalité fut frappante.

Je travaillais dans mon bureau à domicile et très vite, mes priorités ont dérapé. Bien sûr, je n'ai rien vu venir. Que je te dise « *rien* », c'est vraiment « *rien* ». Je travaillais durement avec de très bonnes intentions, mais malheureusement mes priorités n'étaient pas à la bonne place. Dans le but d'avoir des revenus, j'ai commencé à accepter toutes sortes de clients. Oui, je sais, tu vas me dire : « Leslie, c'est normal, quand on se lance en affaires, il faut bien faire des sacrifices ». Petite ou grande ? Rectification à ce point-ci : c'est le cas si et seulement si tu vis avec les standards du monde. Mais lorsque tu es une femme de Dieu, tu dois surtout travailler avec sagesse, en respectant non seulement tes priorités divines, mais également tes priorités de vie. Et la mienne s'appelait « famille ». D'ailleurs à ce sujet, j'ai tellement bien appris ma leçon que j'ai créé le Programme LP (pour se lancer en affaires ou se mettre à jour d'une bonne manière et biblique s.t.p.).

Donc, je travaillais avec n'importe qui et j'acceptais toutes sortes de contrats. Qu'ai-je obtenu comme résultat ? L'épuisement total en travaillant 120h/semaine, un total de 17.14 h/jour de travail 7/7. Peux-tu imaginer cela honnêtement ? Et ce n'est pas fini, quitte à devenir insensée autant l'être jusqu'au bout : j'ai fait cela pendant huit ans, soit un total de 49 920 heures de travail en huit ans. Et S.V.P. sans repos ni vacances. Je n'en suis pas fière du tout.

Mais est-ce que ma priorité s'appelait « famille » ? Non, elle se nommait en réalité « carrière et finance ». Je m'évertuais, en fait, à courir après la renommée, la visibilité, le succès et l'argent. Et tout cela pour passer plus temps avec mon mari et mon fils. Je veux bien penser que nous devons travailler dur et pousser afin d'être un entrepreneur à temps plein, mais pas jusqu'à faire de ta carrière ton dieu lorsque tu es, soi-disant, au

Seigneur. Non ?! Mais Papa ne s'est pas arrêté à cette étape avec moi. Décidé à me ramener dans Ses voies, en décembre 2014, j'ai commencé à avoir terriblement mal à l'arrière de ma tête, non pas avec des migraines, mais réellement comme si mon cerveau enflait et devenait trop petit pour ma boîte crânienne. C'était réellement douloureux et je ne pouvais être dans la présence du jour.

Également, décembre est un mois extrêmement important chez nous :

— C'est l'anniversaire de deuil de mon père
— Les fêtes de Noël (on aime tellement ça, car se sont aussi nos vacances annuelles)
— L'anniversaire de mon mari le 22 décembre
— Mon anniversaire le 1er janvier

Alors imagine, se retrouver clouée au lit pendant un mois, sans profiter de rien, pas même de l'ouverture des cadeaux en famille avec les grands-parents en vidéoconférence. Cela est d'une tristesse ! C'est par cette voie que le Saint-Esprit a attiré mon attention. Il voulait me parler. Note importante : Dieu ne m'a PAS rendue malade, car Il est saint et parfait. Mais il a permis cet état physique afin que nous puissions nous parler sérieusement. Je ne lui reproche donc rien. Bien au contraire, je le remercie de Son amour pour l'humble femme que je suis.

Je dois t'avouer que ce qui suivit fût un choc. Les révélations que Papa me donna concernant les priorités, l'atteinte des objectifs révolutionnèrent ma vie de femme. Mais la plus grosse chose à mettre en pratique (et je lutte souvent avec cela encore) est d'obéir à une demande spécifique du Seigneur concernant mon agenda : travailler 20-25 h/semaine. Très difficile lorsque tu sais ce que je fais et accomplis quotidiennement. J'ai été obligée d'être reprogrammée. Et c'est ce que je te propose de faire dès maintenant, un ciblage doublé d'un recalibrage.

Ciblage et calibrage

Pourquoi est-il si important de connaître nos vraies priorités ?

C'est vraiment une bonne question n'est-ce pas ? Voici les raisons.

Pour ne pas passer à côté du plan de Dieu pour ta vie. En courant après les mauvaises priorités, tu t'écartes peu à peu de ce que Dieu a pour toi, de Son plan et de ta préparation. Lorsque tu t'évertues à mettre l'emphase sur des priorités qui sont hors saisons dans ta vie, tu t'épuises littéralement et te détournes peu à peu aussi de tes engagements envers Dieu, Sa Parole, les âmes et ton église locale. Même si tu me dis « non, ce n'est pas vrai », je l'ai vu bien trop de fois pour certifier que, oui, c'est vrai.

Pour rester focaliser sur la vraie PRIORITÉ : DIEU, FAMILLE, ÂMES. N'oublie pas que les priorités divines sont immuables. Combien de fois avons-nous vu des gens tomber (et de haut) parce que l'emphase était d'abord sur leurs finances, le ministère ou leur propre bien-être ? Cela devient de l'adoration, et rappelons (super gentiment) qu'on ne mettra pas d'autre icône entre nous et le visage de Dieu.

Pour garder un esprit saint dans un corps saint. Quand les priorités sont à la bonne place, non seulement tu prends soin de ton esprit dans la présence du Seigneur, mais en plus, tu ne te négliges pas. C'est-à-dire que tu te reposes, prends soin de toi, de ton corps et de ton alimentation. Par contre lorsque tu ne marches pas avec les bonnes priorités, bien souvent, tu ne dors pas assez, tu es surchargée, tu manges trop, pas assez ou mal et je ne te parle même pas de la qualité de tes temps de prière ni même de ta méditation de la Parole.

Dieu est un Dieu d'ordre et d'équilibre.

Pour accomplir la vision que le Seigneur a déposée dans ton cœur. Mettre à terme une vision prend du temps, de la préparation, de l'apprentissage, de la consécration ; autant dans le naturel que dans le spirituel. Alors, comment faire, lorsque tu fais tout n'importe quand et n'importe comment ? Comprends bien que nous ne sommes ici que pour un temps, la Parole dit même que nous ne sommes que des passagers sur cette terre ; Pourquoi investir dans des priorités qui sont hors saison ?

Pour combattre contre l'ennemi le bon combat de la foi. Il va y avoir du combat. Pourquoi ? Lorsque tu travailles sur les priorités de ta saison, comme précisé précédemment, tu marches dans l'approfondissement de ton appel, de ta mission, mais également de ton identité en Christ et en Dieu. Penses-tu que cela va se faire sans résistance ? Non, vraiment pas du tout. Tu vas rencontrer des problèmes naturels, des attaques spirituelles et autres combats afin que tu cesses le bon combat de la foi. Et je ne t'ai même pas parlé des tentations. Mais que se passe-t-il lorsque tu marches à côté de tes vraies priorités ? Tu tombes dans la tentation et te prends des claques qui te feront tomber à terre. 100 % vu, 100 % vécu, 100 % repenti.

Comment connaître nos vraies priorités ?

La seconde super bonne question. Nous avons dans la vie neuf (9) zones de priorités. Laisse-moi te les présenter.

1. LA SANTÉ : la perte de poids, le repos, la remise en forme, la guérison physique, le bien-être, etc.
2. LES FINANCES : le remboursement des dettes, la création d'entreprises, faire plus de ventes, avoir une

nouvelle source de revenus, etc.

3. L'ENVIRONNEMENT : la décoration ou la rénovation de la maison, l'achat d'un bien immobilier, se sentir bien chez soi, etc.

4. LE PLAISIR = l'amusement (pour celles qui travaillent trop), les sorties, les vacances, les activités sociales (p. ex. : un cours de tango), etc.

5. LA CARRIÈRE et L'APPEL : mise à jour ou création d'une entreprise, un nouveau poste, préparation de ton appel via des cours spécifiques, etc.

6. LE DÉVELOPPEMENT PERSONNEL : la connaissance personnelle, l'approfondissement des acquis déjà présents (gestion des finances personnelles, gestion du temps, de l'équilibre de vie), nouvelle langue, etc.

7. LA RELATION/FAMILLE/LE SOCIAL : passer plus de temps en famille, avoir une vie sociale, augmentation du réseau social, avoir du temps de qualité avec des personnes spécifiques, etc.

8. LA SPIRITUALITÉ : avoir une meilleure connaissance de son identité en Christ, prendre un cours biblique, avoir une meilleure relation avec le Seigneur, une plus grande profondeur dans les temps de prière, passer plus de temps dans la Parole, etc.

9. LE COUPLE : passer plus de temps ensemble, se rapprocher spirituellement et naturellement, avoir plus de sexe (quand nous sommes mariés OK ?), etc.

Maintenant que tu les connais toutes ces priorités, que se passe-t-il ?

Faisons un petit exercice très simple.
Prends chaque zone de priorités et, dans ton carnet de filles, note-les entre 0 et 10 (0 étant nul et 10 étant absolument génial).

Tu l'as fait ? Bien, maintenant tout ce qui est en dessous de 5 entre dans la section des zones à travailler actuellement. Elles sont toutes en dessous de 5 ? Alors tout ce qui est en dessous de 2.5 est à travailler.

Est-ce possible d'en avoir plusieurs ? Oui, bien sûr. Et elles vont se croiser et t'amener à penser et agir d'une manière différente.

Exemple 1 :

Zones : finances (remboursement des dettes), environnement (décoration intérieure), famille (faire plus d'activité ensemble).

Résultats : tu sais que tu veux améliorer ta déco tout en remboursant tes dettes. Est-ce vraiment possible ? Oui, en décidant de devenir une passionnée du DIY (fais-le toi-même en français), cela te permettra d'économiser beaucoup d'argent et en incluant ta famille avec toi, tu pourras non seulement aller plus vite, mais créer des souvenirs intemporels.

Exemple 2 :

Zones : spiritualité (avoir une meilleure relation avec le Seigneur), développement personnel (mieux gérer ton équilibre de vie), santé (guérison émotionnelle).

Résultats : Participer à l'Académie des Conquérantes serait la meilleure chose qui soit, ou tout au moins, investir dans un programme de développement spirituel et personnel te permettant d'approfondir ton identité en Christ et en Dieu, t'aligner avec Sa Parole et Sa volonté pour ta vie, apprendre à créer une routine efficace et productive.

Lorsque tu réalises que tes zones à travailler ne sont pas nécessairement celles que tu penses, que dois-tu faire ensuite ? Découvrir la prochaine section.

Recalibrer nos vraies priorités en 3 étapes percutantes

Une des choses qu'on devrait nous apprendre dès l'école primaire serait de penser de la bonne façon, de nous poser les bonnes questions dans la vie. Ce serait bien plus précieux que certains autres cours. Pour recalibrer nos vraies priorités, nous devons penser d'une nouvelle manière en regardant au bon endroit.

Voici trois étapes extrêmement simples, mais percutantes qui te permettront de faire le point et de recalibrer chaque zone de priorité. Donc oui, tu devras répéter ces étapes pour chaque priorité.

Étape 1 : prendre conscience des choses et aller en profondeur

Installe-toi dans un endroit calme avec ton cahier et en choisissant une de tes priorités, passe au travers des phrases suivantes en y répondant très honnêtement :

- Je sais que j'honore ma priorité lorsque je _____ (quoi ?)

- Je sais que j'honore ma priorité lorsque je cesse de

_____ (quoi ?)

— Je limiterai ou cesserai les activités suivantes _____ (lister) parce que je sais que cela m'écarte de ma priorité

— Je sais que si je _____ (action) pendant_____ (temps) ou x/par_____ (nombre de répétitions/séquence de temps), j'honorerai ma priorité

Exemple :

Zone : finances (remboursement des dettes).

— Je sais que j'honore ma priorité lorsque je suis fidèle dans mes dîmes ET que je mets 10 % de côté sur un autre compte.

— Je sais que j'honore ma priorité lorsque je cesse d'aller au restaurant (ou me limite à y aller une fois par mois.

— Je limiterai ou cesserai les activités suivantes : aller faire les magasins alors que je n'ai pas d'argent, utiliser ma carte de crédit ou mon découvert, magasiner sur Internet, dépasser mon forfait téléphonique, parce que je sais que cela m'écarte de ma priorité

- Je sais que si je fais mes courses en fonction des promotions de la semaine [action] pendant un an [temps] et que je mets l'argent économisé pour le remboursement de mes dettes), j'honorerai ma priorité.

Que cela soit : les vacances, la santé, le couple, la vie spirituelle ou autre, cette première étape fonctionne pour les 9 zones de priorités et dans les moindres détails.

Étape 2 : avoir une compréhension claire de tes actions

Comprendre que le résultat attaché à tes priorités te permettra de rester focaliser sur **l'objectif futur** tout en appréciant le voyage naturellement (car notre vie n'est pas un système académique, n'est-ce pas ?) et tout en décidant ce que tu dois quitter dans **tes actions passées**.

Deux autres réflexions demandant une grande transparence :

- Ce que je gagnerai à atteindre tout cela

- Ce qui m'amène à ne pas respecter ma priorité

Exemple :

Zone : spiritualité (avoir une meilleure relation avec le Seigneur).

— Ce que je gagnerai à atteindre tout cela : en ayant une meilleure relation avec le Seigneur, non seulement, je pourrai (enfin) manifester le fruit de l'Esprit, mais également avoir une meilleure gestion de mes émotions. Il est vrai que je suis blessée et que je dois guérir de nombreuses choses, mais je ne peux pas y arriver sans Lui. Trop de fois je suis retournée à mes vieilles actions. Donc en atteignant cette priorité, je deviendrai mature, je pourrai entrer dans mon appel, je serai encore plus passionnée pour et par Lui, mais aussi pour les âmes. En allant plus loin avec Jésus, je ne serai plus centrée sur MA volonté, mais sur la SIENNE.

— Ce qui m'amène à ne pas respecter ma priorité. Je remarque que lorsque je me couche tard, il m'est difficile de me lever tôt le matin et de passer un temps avec lui. Donc je dois cesser de me coucher tard. Pour cela, il faut que je cesse de regarder la télévision le soir ou mon Facebook. À la place, je pourrai lire la Parole ou préparer mes affaires en écoutant une prédication ou de la musique. Une autre chose qui m'empêche de respecter ma priorité, ce sont les distractions alors que je lis la Parole (téléphone, bruit des enfants, notifications), il faut changer cela et que dire des gens qui parlent si négativement autour de moi ? Mais remarque, je ne suis pas obligée de participer à toutes les discussions, n'est-ce pas ?

Étape 3 : créer ta propre définition du succès

Tout le monde ne possède pas la même définition du succès. Et c'est très bien ainsi. Alors, pourquoi devrais-tu absolument suivre les tendances de ce monde et fonctionner selon une manière qui ne te ressemble pas ? Tout le monde veut réussir et c'est noble, mais tout le monde ne réussira pas de la même manière.

C'est ainsi que tu tombes dans la compétition et la comparaison en voulant adopter la même stratégie que tout le reste de l'humanité ou encore que tes sœurs en Christ. Pourtant la Parole dit que tu es créée à l'image et à la ressemblance de Dieu.

SAIS-TU COMBIEN DE FACETTES DIEU POSSÈDE ? SAIS-TU CLAIREMENT À QUOI IL RESSEMBLE ?

Non ! Alors, arrête de tout rationaliser et de vouloir le mettre dans une boîte. Cesse de le limiter et par la même occasion de te limiter.

C'est le temps de créer ta propre définition du succès. Je vais simplement te donner les bons indicateurs, d'accord ?

— Si tu avais 9 h de plus dans ta journée, que ferais-tu ? Sois honnête et réaliste s'il te plait. Ne me dis pas que tu irais à la plage sachant qu'il n'y en a pas près de chez toi. Non plus sérieusement, que ferais-tu vraiment ? Cette question représente ce que tu dois intégrer dans ta routine (peu à peu bien sûr, car n'oublie pas que c'est un processus).

— Quelle est la meilleure partie dans ce que tu fais ? C'est ce que tu dois maintenir dans ta vie, ce que tu dois continuer à faire.

— Quelle est la chose que tu aimes le moins dans ce que tu fais ? Enlève-la le plus possible en la déléguant à une personne plus apte (ou équipée) que toi.

— Quelle serait la planification d'une journée parfaite ? Encore une fois, sois réaliste. N'écris pas que tu aimerais te lever à 11 h et aller prendre une marche au bord de l'eau. Non, l'oisiveté n'est pas de Dieu. Sois vraie. Cette question représente vraiment ce que tu vises, ton objectif. Il est donc important que tu en prennes pleinement conscience et que tu commences à t'aligner sur cet objectif.

- Que pourrais-tu faire pendant des heures ? En cela, tu trouveras ta source inépuisable positive. Que cela soit la marche, le DIY, le coloriage ou autre. Conserve cette activité de manière hebdomadaire.

- Qu'est-ce qui recharge tes batteries ? C'est ton ressourcement. La question précédente c'est ce qui te garde « allumée ». Celle-ci, c'est ce qui te garde en vie. Normalement, « la présence de Dieu et Sa Parole » serait la meilleure réponse, afin que tu voies que ce ressourcement est la base non négociable de ta vie.

- Quelle est la chose qui te permettrait de progresser rapidement ? Voilà où tu devrais investir prochainement. Que cela soit un coaching, programme, livre, une conférence ou une autre activité. C'est ta prochaine étape pour grandir.

- Quelles sont les choses ou les personnes qui te rendent nerveuse ? Ce sont toutes les choses à bannir de ton existence, soit pour un temps, soit pour toujours.

— Dans quelles situations et à combien de pourcentage te sens-tu stressée ou dépassée ? Alors, pourquoi attendre le dernier moment au risque de vivre ces situations ? Cela indique que tu as besoin d'une meilleure préparation plus en amont ou que tu nécessites de disposer de plus de temps.

— Si tu gagnais à la loterie demain, comment passerais-tu ta journée ? Ahahah non, ne dis pas « sur la plage, dans ma nouvelle maison à 1 million ». Tu sais pourquoi. Car en tant que femme de Dieu sage et avisée, visant Matthieu 6.33, tu ne dépenserais pas cette somme pour une maison qui te coûterait super cher en taxes, en impôts et en entretien. Soyons sincères. Donc, que ferais-tu ? Maintenant, permets-moi de te poser une autre question. Pourquoi attends-tu ce moment (qui pourrait arriver à raison d'une chance sur un trilliard) pour faire ce que tu as à faire ? Pourquoi attendre la chance financière ou la maladie grave pour aller de l'avant ? Tu as déjà Dieu, la croix, la résurrection, le Salut, le Saint-Esprit et le Royaume. Cela ne te suffit pas pour accomplir de grandes choses ?

— Qu'espères-tu ne plus avoir à refaire ? Le ménage et la cuisine ne rentrent pas en ligne de compte (ni le repassage) sauf si, effectivement, tu es toujours en déplacement, là d'accord, je te l'accorde. Pour le reste, encore une autre question : alors pourquoi continues-tu à le faire ? Change ta stratégie, soit tu délègues la chose, soit tu l'enlèves de ta vie, soit tu règles le problème définitivement avec sagesse (dans le cas où tu aimerais ne plus te servir de ta carte de crédit, eh bien, coupe-la).

— Avec qui aimerais-tu avoir une (meilleure) relation ? Alors c'est le temps d'investir du temps avec la personne choisie. Et si tu veux commencer à avoir une relation avec une personne qui ne te connaît pas spécialement, commence par te rapprocher. De mon côté, je maintiens, qu'un jour, je vais devenir amie avec Christine Caine, je prie que Dieu ouvre une porte et je me rapproche doucement. Je me suis déjà rapprochée d'autres femmes de Dieu connues et peu à peu nous commençons à parler. J'investis aussi du temps et de l'amour dans mes relations privilégiées actuelles, car non seulement elles sont peu nombreuses, mais plus que tout, elles me sont précieuses.

— Tu te sens couronnée de succès lorsque... À quel moment ? Quand tu fais quoi ? Ce n'est pas en rapport avec le fait d'avoir la lumière sur soi. Non, pas du tout. Pour ma part, je me sens littéralement couronnée de succès lorsque j'accomplis les tâches de la journée et que je fais ce pour quoi je suis appelée. Et toi ?

— Tu sais que tu rempliras ton but si tu es ou que tu fais quoi ? Qu'est-ce qui te manque dans ton caractère, ton attitude ou dans ta préparation pour atteindre ton but ? Qu'as-tu à ajouter dans ton apprentissage pour aller de l'avant ?

Que faire avec toutes ces informations ? Saisis ton cahier et prends le temps de répondre à chacune des questions en profondeur, avec honnêteté. N'oublie pas que c'est ton chemin, ton processus « de gloire en gloire » avec le Seigneur, pas le mien. C'est ainsi que tu vois que chaque définition du succès est unique est différente. Gloire à Dieu.

Désencombrement

Il y a tant (et trop) de choses que nous avons dans nos vies, et ce, à plusieurs niveaux. Tu, je, nous devons travailler quotidiennement à enlever le superflu, ce qui nous empêche de respirer, de vivre librement, d'agir, d'entrer dans le plan que Papa a pour nous, d'être encore plus passionnée pour Lui et pour les âmes, de prendre soin de ceux que nous aimons et bien sûr, d'accomplir et d'atteindre nos objectifs.

Voici quatre points sur lesquels nous devrions travailler sans cesse et desquels nous devrions enlever le superflu :

- L'environnement : la manière dont tu pourrais être encombrée, désorganisée, conservatrice (ta maison n'est pas un musée) ou autre t'empêche de vivre. Ma mère m'a toujours enseigné ceci : de la manière dont ton environnement (l'intérieur de ta maison) est, ton intérieur (personnel, en toi) est également. Alors si ta maison est toujours trop pleine ou complètement sens dessus dessous, vis-tu dans la confusion ? Es-tu du genre brouillon, à ne jamais finir ce que tu commences dans la vie ? As-tu une vie avec le Seigneur semblable à des montagnes russes ? C'est le temps d'enlever le surplus.

— Le langage : utilises-tu trop de mots dans tes phrases ? Et quels genres de mots ? Négatifs, inappropriés, moqueurs, etc. ? Parles-tu trop et tout le temps ? Dieu nous a pourvus d'une seule bouche, mais de deux oreilles (et heureusement d'ailleurs), cela signifie que nous devrions écouter deux fois plus que nous parlons. Nous devons aligner nos mots sur Sa Parole aussi, car ce qui sort de ta bouche provient de ton cœur.

— Le réseau social : je ne parle pas de Facebook ou Instagram (quoi que...), mais plutôt des vrais humains qui t'entourent. Sont-ils tous édifiants ? Te célèbrent-ils ou te tolèrent-ils seulement ? Est-ce que ceux qui sont le plus près de ton cœur vivent le royaume et sont passionnés du Seigneur tout autant que toi ou sont-ils des éléments toxiques et de petits vampires ? C'est le temps de désencombrer ton réseau.

— Ce qu'il y a en toi : es-tu un vase d'honneur pour le Roi des rois ou y a-t-il des choses qui devraient sincèrement changer ? Exemple : tes pensées, tes émotions, tes choix. As-tu besoin de renouvellement, de clarté, d'ajustement afin de devenir un parfum agréable, mais aussi une femme par qui le Seigneur agira avec puissance ? Je peux t'aider, si tu le désires.

Tu pourrais te dire « *Leslie, tu y vas un peu fort, tu sais. Ça fait beaucoup à changer* ». Peut-être. Mais laisse-moi te poser une question. Lorsque tu vas être devant le Père céleste et qu'il te demandera tout ce que tu as fait et accompli avec ce qu'il a mis en toi, tu lui donneras toutes les raisons du superflu ci-dessus ? Tu lui diras que tu ne pouvais pas, parce que… quoi ?

Tu as une vie, une mission, un appel, et un Roi à aimer passionnément. Mais l'amour passe aussi par l'action. Saisis ta vie et ne laisse plus les circonstances t'influencer.

P.R.I.O.R.I.S.E & F.O.C.U.S

Deux sujets d'actualité, mais pourtant intemporels. Afin que tu les mémorises facilement, je les ai transformés en acrostiche.

P.R.I.O.R.I.S.E

— Planifier : cesse de faire les choses sous l'impulsion du moment. Même si cela à l'air super cool, cela peut aussi t'écarter de tes objectifs. Prévois, nomme tes jours et tes actions.

— Recentrer sur la vision : mets-toi des garde-fous qui te permettront de te recentrer en tout temps sur la vision de ton cœur.

— Intégrer les autres : apprends à déléguer, laisse-les monter à bord de ton bateau et participer à ta grande aventure. Apprends à être complémentaire et non exclusive.

— Optimiser sa manière de travailler : sois rentable et productive dans ta façon d'agir, ne fais plus les choses juste pour les faire. Mais parce que cela apporte un changement, apprends à transformer les choses au lieu de les recréer sans cesse.

— Réduire les distractions : quelles qu'elles soient (médias sociaux, sonnerie de téléphone, gens, etc.). En enlevant le surplus, tu avanceras bien plus vite.

— Installer une routine/une discipline : eh oui ! Il n'y a pas de secret. Garde la spontanéité pour le week-end (ou tes jours de repos). Celles qui ont des routines et sont disciplinées avancent plus vite que les autres. C'est testé et prouvé.

— Simplifier les choses : lorsque tu parles, va droit au but, lorsque tu rencontres quelqu'un, sois préparée. Rends les choses les plus simples possible, cela te permettra de garder la tête libre et de te concentrer sur l'essentiel.

— Épurer ta manière de vivre : je ne le dirai jamais assez. Dépense là où tu as réellement besoin, fréquente ce qui te pousse vers l'avant, porte ce qui te va réellement, mange ce qui te suffit, fais la part qui te revient et apprends à vivre librement en Christ.

F.O.C.U.S

Une phrase pour toi ici :

Focaliser sur les objectifs pour être consacrée et n'avoir que ce qui a une utilité en créant des systèmes.
Simple, mais terriblement efficace.

Urgent versus Important

Y a-t-il une différence entre ces deux concepts ? Oui et une énorme nuance. Est-ce que les deux devraient cohabiter dans notre vie ? Non.

En fait, la majeure partie du temps, nous mélangeons les deux. Oui, nous parlons bien souvent de la gestion de temps (surtout en entrepreneuriat), mais non de l'équilibre de vie (personnel, spirituel et professionnel) et pourtant, dans l'un comme l'autre, ils en font bien partie.

Alors en quoi connaître la différence t'aidera-t-il aujourd'hui ? Cette compréhension te fera non seulement prendre de meilleures décisions dans ta vie, mais elle te permettra aussi et surtout de rester fidèle à tes vraies priorités.

L'URGENCE

C'est ce qui doit être accompli avant le délai imparti, avant d'avoir des conséquences. Bien souvent, tes choses tombent dans la case « urgence » lorsque tu viens d'avoir des problèmes. Exemple : les factures impayées, les remboursements non effectués, les travaux rendus au dernier moment. Bien sûr, l'urgence se manifeste aussi par les aléas de la vie : une roue crevée, un toit qui coule, une jambe d'enfant cassée ou autre. Nous ne pouvons prévoir les derniers points cités, mais nous pouvons minimiser le retard de nos actions en les faisant en temps et lieu.

IMPORTANCE

C'est faire les tâches nécessaires en temps et lieu dans le but de voir la mission et la vision s'accomplir. Lorsque nous comprenons l'importance des choses, nous saisissons alors l'essence du changement que nous apportons ou auquel nous contribuons. C'est également respecter nos réelles priorités et les mettre de l'avant, nos délais d'accomplissements, nos engagements.

Comment mettre de l'avant l'important et quitter l'urgent ?

Comme je te disais plus ci-dessus, l'urgence reste ce qu'elle est ; et bien souvent la vie va te le rappeler. Mais dans le but d'en minimiser les impacts, il te faut repenser sérieusement à tes réelles priorités, revoir tes actions durant les trois derniers mois et les comparer avec les résultats (ou fruits) obtenus. Était-ce une manifestation de tes urgences ou de l'importance que tu mets sur tes actions ?

Bien sûr, il te faudra créer une stratégie étape par étape, mois après mois et semaine après semaine, pour garder le cap. N'oublions pas que le fait d'être enseignable (qui sait recevoir des enseignements et leçons sans se sentir offensée ET les mettre en pratique) et redevable (qui est capable de s'engager envers une personne et lui rendre des comptes) est un point non négociable pour réussir à rester dans l'importance des choses.

Il te faut également avoir un calendrier d'accomplissements. Écrire la vision est une chose, mais la découper étape par étape la rend tangible, concrète et surtout accomplie. Respecter les échéances est certes le point le plus difficile (dû aux urgences de la vie ou au manque de discipline), et pourtant le fait d'honorer les délais établis ainsi que tes propres engagements (même envers toi-même) te propulsera vers ta destinée.

Et t'ai-je déjà parlé de l'importance (le bon mot dans le bon sujet) d'investir en toi ? Arrêtons de jouer les mendiantes spirituelles et les quémandeuses dans le naturel. Investissons en nous. Et pour investir, il faut parfois épargner.

Dernier point, et je ne le répéterai jamais assez : enlève ce qui est inutile ou nuisible dans ta vie (entourage, manière de penser, de parler, mais aussi d'agir).

ATTEINTE DES OBJECTIFS

Machine arrière S.V.P !

Découvrons un concept absolument génial, une chose qu'on devrait (très honnêtement) nous apprendre à l'école, dès le primaire. La rétro-ingénierie (ou la rétroconception) accompagnée de la rétroplanification.

Commençons par la partie des définitions (selon Wikipédia).

La rétro-ingénierie, ou ingénierie inverse ou inversée est l'activité qui consiste à étudier un objet pour en déterminer le fonctionnement interne ou la méthode de fabrication. On parle également de rétroconception et dans le domaine du vivant de biomimétisme. Le terme équivalent en anglais est *reverse engineering*[2].

Une rétroplanification ou une planification inversée a été conçue en partant de la date de fin du projet puis en remontant dans le temps afin de placer les jalons. En effet, il est quelquefois plus facile d'utiliser cette méthode pour réaliser une planification, lorsque la date de fin de projet est connue et impérative[2].

Mais que signifie cela pour tes objectifs ?

PARTIR DE Z POUR ALLER À A

Dans le but d'accéder réellement à tes projets, buts et objectifs de vie (toutes zones de priorités confondues), tu as besoin des deux.

La première fois que j'ai entendu parler de ce concept, c'était en 2014. Ma première réaction fut : « Ooooh laisse faire, c'est (encore) un truc américain ! ». Finalement à force de suivre des personnes qui m'inspiraient réellement dans ma vie et qui sont à 100 % Américaines, j'ai réalisé que toutes utilisaient ce même concept. Donc en 2015, j'ai décidé d'étudier cela de plus près. J'ai commencé par la rétroconception seule, mais je me suis littéralement plantée tel un avion en chute libre. Depuis, j'ai été déterminée à saisir ce concept et à le maitriser (en m'appuyant sur « *Je puis tout par celui qui me fortifie* » — **Philippiens 4.13**).

L'année 2016 fut le commencement de l'évolution exponentielle des choses. Je suis devenue depuis ce temps complètement inarrêtable : écritures de plusieurs livres, créations de programmes digitaux, ouverture des trois branches dans notre ministère Leslie Passerino International (oui c'est un ministère et non une entreprise)[3], conférences internationales, remboursements de nos dettes (une étape à la fois en enlevant le superflu et en économisant aussi), rénovations et redécoration de la maison au fur et à mesure, etc. Et tout cela en moins d'un an.

De nombreuses personnes ont essayé, mais ont échoué non parce que c'est difficile (non vraiment pas), mais tout juste parce qu'elles n'utilisaient que la moitié des informations. Mais certainement pas toi. Est-ce que cela fonctionne vraiment ?
Oui ! Et j'en suis une des preuves avec les exemples cités précédemment. Suis-je une super héroïne ? Non, juste une femme de Dieu tout comme toi. Alors, si je l'ai fait, tu peux le faire.

PARTIE 1 : LA RÉTROCONCEPTION

Écrire la vision, la grosse et même très grosse vision dans les moindres détails (c'est très important). **C'est ton document #1**.

> « Et l'Éternel me répondit et dit :
> Écris la vision et grave-la sur des
> tablettes, afin que celui qui la lit
> puisse courir. » **Habacuc 2.2**

Le fait de l'écrire dans les moindres détails n'est pas contraire à la Parole de Dieu, bien au contraire. Souviens-toi de ce que l'Éternel a donné comme instructions à Noé concernant l'Arche, à Moïse concernant l'Arche de l'alliance et celles données à Salomon concernant le Temple. Lorsque Dieu met une vision sur ton cœur, il ne fait pas les choses à moitié, mais bel et bien en détail. C'est plus que de faire un tableau de vision une fois par année et le laisser tomber deux mois plus tard.

Donc, écris la vision dans un cahier spécifique (ou sur ton ordinateur).

Autant de visions = autant de cahiers dans le but de suivre l'avancement des choses.

Cela te permettra :

1. De comprendre l'étendue et la plénitude de ta vision et de tes objectifs

Parfois, nous négligeons nos objectifs à cause d'un manque de clarté ou de précisions. Le résultat est que pour les étapes suivantes, nous tombons dans l'erreur à cause d'une mauvaise évaluation des choses (ressources, besoins, finances, temps, etc.). Plus tu saisis ce que tu auras à faire, mieux tu pourras avancer en gardant un esprit saint dans un corps saint (repos, etc.). De plus, tu continueras à respecter autant les priorités divines que celles de ta saison.

Liste chaque chose à faire (chaque tâche) une par une qui te permettra d'accéder à l'accomplissement de ton objectif. Je dis bien toutes les tâches, de la plus petite à la plus grande. **Document #2 : il sera très long, mais c'est normal.**

2. De connaître l'ampleur de tes besoins

En rapport avec tes objectifs (quelle que soit la zone de priorité), tu réaliseras que tes besoins en ressources seront (potentiellement) nombreux. Regardons quelques exemples :

- Finances : que cela soit via un emprunt, le fait d'économiser régulièrement, de dépenser moins ou du moins mieux ;

- L'aide ou la main d'œuvre : auras-tu besoin de personnes plus qualifiées que toi sur le sujet ? Des semi-professionnels ou professionnels ?

- Savoir quoi déléguer à qui : je vais revenir sur le sujet un peu plus bas ;

- Connaissances et éducation : peut-être devras-tu prendre un coaching, un cours, une formation afin d'approfondir ton savoir sur le sujet (selon le besoin requis).

C'est le document #3.

3. Savoir quoi déléguer à qui

Lorsque nous avons des objectifs de vie, nous devons, toi et moi, comprendre que nous ne pouvons pas les atteindre seuls. Il n'y a que les orgueilleuses qui pensent ainsi, pas nous, n'est-ce pas ? Donc nous devrions apprendre et savoir déléguer à d'autres. Et non pas devenir « *la dictatrice de ta propre vie* ». N'oublie pas que Dieu marche en équipe, et étant créée à son image et à sa ressemblance, toi aussi tu fais de même.

Mais comment déléguer efficacement ? En fait la délégation ne se fait pas de manière émotive. Ce n'est pas parce que nous aimons les gens ou qu'il n'y a qu'eux devant nos yeux que nous devons leur donner fatalement des tâches.

Non, la délégation est un outil intelligent qui, lorsque tu la maitrises, devient une arme terriblement efficace. Voici donc comment faire :

Étape 1.

Établir la liste des tâches à déléguer (donc ce que tu ne peux pas OU ne dois pas faire toi-même). Comprends bien que la délégation n'est pas là pour t'enlever ta part du travail, mais donner la partie des tâches à des gens plus doués que toi dans un domaine précis. Ce que tu sais faire en utilisant tes forces, dons et talents t'appartient donc.

Étape 2.

Si tu connais des personnes qualifiées en accord avec les tâches, mets leur nom. Attention, ce n'est pas parce qu'elles « bidouillent » ou bricolent que cela les rend aptes à t'aider et à te supporter. Trop de fois, par manque de temps, j'ai donné des tâches du ministère à mon époux, mais il n'était pas qualifié pour les accomplir. Résultats ? Frustration, boudage, soupirs, et retour à la case départ. Finalement, il a fallu recommencer. Dans ma réalité, cette situation signifie une énorme perte de temps. Mais cela n'était pas de sa faute, mais plutôt de la mienne. Il n'était pas la bonne personne pour répondre à ces besoins.

Étape 3.

Tu n'as pas les bonnes personnes avec toi, que faire ? Demande sur les réseaux sociaux, tu vas être épatée des réponses positives. Oui peut-être que tu devras payer une personne, mais excuse-moi, si tu as besoin d'un électricien, d'un plombier, d'un créateur de site Web ou d'organiser ton mariage de 400 invités, mieux, que cela soit fait par un professionnel plutôt que par ta gentille cousine éducatrice en garderie ou le jeune à l'église qui a besoin d'argent de poche, tu devras en tenir compte. NON, tu ne peux pas négliger le professionnalisme et l'excellence !

Également, tu peux trouver et interviewer des personnes de bien des manières : via ton réseau personnel, professionnel, à l'église, sur internet, etc.

Étape 4.

Ne prends pas des personnes qui sont juste qualifiées pour accomplir la tâche, mais qui ont :
- Les dons
- Les talents
- L'aptitude
- LA BONNE ATTITUDE ET LES MÊMES VALEURS QUE TOI !

C'est important. **Ce sera ton document #4**.

4. Enlever les éléments nuisibles

Tels que les vampires de ton réseau, les distractions en tout genre, les bruits nuisibles (même ceux de tes pensées). **Document #5**.

5. Voir les problématiques et obstacles à l'avance

Et créer la stratégie pour pallier cela. Trop d'objectifs n'aboutissent pas parce que ce point n'est pas traité. Et lorsque les problèmes se présentent, tout le monde quitte le navire.

À contrario, si tu es bien préparé, que tu as mis des économies de côté, des gens supplémentaires dans ta délégation, des ressources extra, quand le « oups » arrivera, toi, tu en riras.
Cela s'appelle la sagesse divine. Mais tu ne peux pas voir ses

choses que si la vision est écrite en détail (on revient donc au premier point).

6. Placer les choses à la bonne place, au bon moment
C'est là que la rétroplanification entre en ligne de compte. Un temps pour chaque chose, une place déterminée dans l'agenda.

PARTIE 2 : LA RÉTROPLANIFICATION

Lorsque tu utilises cet outil, tu es capable de respecter :
— Tes priorités divines
— Tes priorités actuelles
— Tes engagements (ministériels, personnels, professionnels, familiaux)
— Les événements des autres (si tu y participes)
— Ta participation dans la vie de ceux que tu aimes
Comment cela fonctionne-t-il ? Peu importe les étapes, inclus également les tâches qui seront à déléguer, cela doit être dans ton calendrier.

Mon conseil : personnellement, je te recommande vivement de mettre toutes les tâches (y compris celles qui seront déléguées) sur des bandes de papiers et de travailler sur un grand plan de travail avant de remplis ton calendrier (le meilleur restant le sol, c'est assez grand).

A D N

Étape 1.

Reprends ta (grande) vision et commence à établir tout ce qu'il y a à faire. Chaque tâche. En fait, tu devrais tout avoir dans ton **document #2**. Découpe tes bandes de papiers de tâches.

Étape 2.

Commence selon ta date butoir à découper les tâches à accomplir en années (si la vision s'accomplit sur plusieurs années). N'oublie pas de prendre en considération les vacances des enfants, les jours fériés et autres événements importants qui t'empêcheront d'être active à ce niveau-là. Mets donc les bandes dans l'année concernée.

Étape 3.

Prends les bandes de la première année et pour chaque trimestre, place les tâches sectionnées (n'oublie pas de penser aux vacances et aux fins de semaines). Fais ceci pour chaque année. Si ton objectif se réalise sur une année, alors commence comme ceci : place les bandes de tes tâches pour chaque trimestre tout en prenant compte des différents événements qui auront lieu dans tes quatre trimestres.

Étape 4.

Prends les bandes de chaque trimestre et refais la même action, mais cette fois-ci par mois. À faire pour chaque trimestre. Place tes bandes de tâches dans chaque mois.

Étape 5.

Et hop, on repart, mais cette fois-ci, tu prends celles de chaque mois, pour les répartir dans chaque semaine.

Étape 6.

Et maintenant dans chaque semaine, on les répartit par jour. C'est un peu long au début, lorsque tu n'as pas l'habitude, mais dès que tu l'as fait une fois, tu es capable de le faire les yeux fermés. Tu sais maintenant à quel moment telle tâche devrait être accomplie (par toi ou une autre personne). La dernière clé pour atteindre tes objectifs est… La discipline.

Discipline

« La discipline est mère du succès. » Eschyle

Maintenant que tu sais comment faire machine arrière, il est temps de parler du dernier outil clé. La discipline nous apporte de nombreux avantages, malgré ce que nous pourrions penser. En effet, elle nous offre la possibilité de répondre avec paix et tranquillité à toutes les demandes de notre vie.

La majeure partie des gens pensent que la discipline est le contraire de la spontanéité, ce qui est faux. La discipline nous offre des récompenses mieux sélectionnées en fonction de l'effort fourni. Prenons l'exemple de la perte de gras (oui parce que ce concept de la perte de poids est nul, alors que la perte de gras est nécessaire lorsque nous en avons trop). Tu t'entraînes plusieurs fois par semaine, tu transpires et tu travailles ardemment. Préfères-tu te récompenser avec un énorme gâteau au chocolat ou une journée complète au spa ? Oui, je sais peut-être même les deux, mais dans ce cas-ci prends une petite part de gâteau et va tout brûler au spa. Lorsque tu es disciplinée, tu es bien plus avisée et sage quant à tes récompenses.

La discipline a le pouvoir de choisir ce qui va avec nos valeurs

L'autre point fort de la discipline est que tu vas aller plus vite que les autres. En d'autres termes, le but n'est pas que tu tombes dans la comparaison, car les seules personnes avec qui tu peux te comparer sont :

- Toi (afin de constater ton évolution, ta stagnation ou ta régression)
- Jésus (le but à atteindre)

Mais la discipline te permettra d'atteindre tes rêves bien plus vite que les autres, c'est-à-dire ceux et celles qui ne sont pas disciplinés. Et une règle secrète (qui ne l'est plus maintenant) veut que plus tu réalises tes rêves, plus tu participes de manière active à ceux des autres. C'est incroyablement génial !

Parlons maintenant des obstacles, car il y en a et tu en expérimentes déjà certains. La paresse, l'oisiveté et la procrastination sont au palmarès des ennemis, mais également la spontanéité non contrôlée. La quoi ? Tu sais quand ton agenda est bien planifié et que tu te lèves et finalement, oups… tu vas aller faire d'autres choses. Il y a deux traductions possibles à cela :

1. Tu as sérieusement besoin de cesser de travailler comme une esclave
2. L'ennemi et ta chair ne veulent pas que tu accomplisses ce pour quoi tu es appelée

Alors que faire ? Garde ta spontanéité pour les week-ends, c'est tout. Bien sûr, avec les vacances, les jours fériés et autres jours spéciaux.

Une des choses que ma mère m'a apprises et pour laquelle je la remercie (en plus d'un million d'autres) est le fait d'apprendre à avoir du plaisir dans tout ce que je fais et non de faire les choses pour avoir de plaisir. C'est le plus grand secret de la discipline. Aimer ce que nous faisons.

Il est donc important de choisir :

- Un sport ou une activité physique que nous aimons
- Un plan nutritionnel qui nous convient
- Et marcher dans l'appel dans lequel nous sommes appelées

Dernier point du chapitre, les outils nous aidant à rester disciplinées :

- La redevabilité : je ne le répèterai jamais assez. Engage-toi envers une amie (mais pas aussi souple de caractère que toi par contre), un coach qui peut te soutenir et t'équiper. Quelqu'un qui saura te tenir tête avec amour.
- Ton agenda : personnellement, je recommande Google Calendar (et je ne suis pas sponsorisée). Une version papier est bonne, mais la version électronique se synchronise AUSSI avec la personne qui marche avec toi (ton amie).
- Établir la liste de tes choses à faire la veille pour le lendemain : n'attends pas la dernière minute s.t.p.
- Te lever plus tôt pour méditer la Parole : la première place revient à Jésus-Christ.
- Dire « Non, merci ou prenons rendez-vous » : même si c'est un mois à l'avance. Cela ne veut pas dire que tu pas pousses le bouchon trop loin. C'est prévoir dans le but de respecter nos priorités.
- Ne garder la spontanéité que pour le week-end.

« La discipline, c'est de savoir ce que l'on veut, et de ne jamais l'oublier. » David Campbell

Besoin d'aide ?

Tu as maintenant tous les outils et les clés pour aller de l'avant et atteindre tes objectifs.

 Mais peut-être as-tu réalisé des choses et tu ne sais pas comment les affronter ? Peut-être as-tu besoin d'un coup de main pour y arriver ?

Que cela soit concernant le renouvellement ou l'approfondissement de ton identité, l'atteinte de tes objectifs, mais surtout pour t'aider à entrer dans ton appel, ta destinée, je suis là pour toi.

Après ce que tu as appris dans ADN, le meilleur cadeau que tu peux t'offrir, c'est vraiment l'Académie des Conquérantes, un programme d'accompagnement qui t'amène au prochain niveau spirituel et personnel et te propulse vers la réalisation de tes objectifs. Tu peux ainsi marcher dans ta restauration en Jésus, approfondir la connaissance de ton identité, t'approprier ta guérison émotionnelle et surtout courir dans la destinée que Dieu a préparée pour toi. L'ADC, c'est un virage à 180°, une transformation positive, une percée radicale dans ton existence et dans toutes les sphères de ta vie.

Diplômée en psychologie, en création d'entreprises en ligne et avec plus de 10 ans d'expérience en leadership au sein de notre équipe pastorale, j'aide les femmes chrétiennes à marcher dans leur destinée afin qu'elles embrassent leurs objectifs et accomplissent ce pour quoi elles sont faites, leur appel.

Que cela soit via du coaching personnalisé, des produits, audios, programmes ou dévotions, je m'engage à faire de toi une gagnante.

http://lesliepasserino.com

ES-TU PRÊTE À PASSER AU PROCHAIN NIVEAU ? ÇA COMMENCE DÈS MAINTENANT !

À propos de l'auteure

En affaires depuis plus de 12 ans, Leslie Passerino est une passionnée, médiapreneure (100 % sur le Web), elle est établie au Québec (Canada) avec sa famille depuis 2001 et est diplômée en psychologie (France), en business et marketing (USA) ainsi qu'en entrepreneuriat (Canada). Elle est également formée par le Biblical Leadership Ministry (DFH, USA).

Son approche est authentique, passionnée et drôle, mais surtout profondément centrée sur les vérités bibliques avec une application pratique. Sa mission est d'activer les talents des femmes qu'elle rencontre, de leur permettre de vivre une plus grande intimité avec Christ. Elle les guide dans le renouvellement et l'approfondissement de leur identité.

Son engagement est de les équiper afin qu'elles entrent victorieusement dans leur appel et leur destinée.

Coach et conférencière spécialisée en gestion d'équilibre de vie, leadership féminin chrétien et marketing sophistiqué, Leslie est une activatrice de talents et un véritable catalyseur de changement.

Depuis 2016, elle est certifiée pour œuvrer auprès des couples chrétiens, leur permettant ainsi d'avoir un mariage passionné, équilibré, mais surtout conforme au cœur de Dieu.

Ministre de danse liturgique certifiée, Leslie aide les âmes à reconnecter au Saint-Esprit par le mouvement. Via cet outil, qu'est la danse prophétique, les enfants de Dieu trouvent la guérison, la restauration et la liberté en Christ.

Bibliographie

[1] BOURBEAU, Lise. Les 5 blessures qui empêchent d'être soi-même, Éditions Pocket, 18 février 2013. ISBN : 978-2266229487

[2] Définitions tirées du site Web Wikipédia.
https://fr.wikipedia.org

[3] Dans le but de clarifier ce point, je recommande de lire cet article publié sur Internet :
https://gospelcenteredmusings.com/2010/11/02/what-is-more-important-being-a-ministry-or-being-a-business/

De la même auteure

Pour quoi es-tu faite ?

Il y a une raison concernant la difficulté à rentrer dans notre appel. Nous avons un ennemi nous détournant de notre chemin, nous assaillant de toutes parts afin que nous ne puissions pas vivre le plan parfait que Dieu a pour nous. Son but est de nous empêcher de manifester la gloire de Dieu et pire que nous ne touchions pas les âmes que le Seigneur désire restaurer.

Dans Pour quoi es-tu faite ? Leslie Passerino vous partage une révélation du cœur de Dieu concernant l'appel pour votre vie, brisant ainsi ce qui vous retenait. Vous apprendrez à méditer sur votre destinée de manière biblique, mais également de manière pratique.

Avec humour et simplicité, Leslie vous aide à :

- Comprendre votre personnalité
- Manifester vos dons et talents
- Surmonter les obstacles vous empêchant d'entrer dans votre destinée
- Déjouer vos deux plus grands ennemis : la résistance et vous-même

C'est le temps d'oser aller plus loin et d'entrer dans notre appel.

Plus de détails sur http://lesliepasserino.com ou sur Amazon

www.ingramcontent.com/pod-product-compliance
Lightning Source LLC
Chambersburg PA
CBHW060350090426
42734CB00011B/2092